역사의 라이벌로 본 인생 성공 전략

역사의 라이벌로 본 인생 성공 전략

초판 1쇄 인쇄	2005년 1월 10일
초판 1쇄 발행	2005년 1월 15일
지은이	김남용
펴낸 곳	리즈앤북
펴낸 이	김제구
표지 디자인	남상원
본문 디자인	김성엽
등록	2002년 11월 15일
주소	서울특별시 마포구 서교동 482-38
전화	02-332-4037~8
팩스	02-332-4031

정가 10,000원

ISBN 89-90522-28-5 03320

역사의 라이벌로 본 인생성공 전략

김남용 지음

리즈앤북
ries & book

이 책은 교과서만큼 재미없는 책입니다. 그러나 교과서보다 더 필요하고 유용한 책입니다. 왜냐하면 이 책 하나로 웰빙 인생을 설계할 수 있기 때문입니다.

"도대체 우리들은, 우리 자녀들은 누구를 본받고 살아야 제대로 성공할 수 있을까?"

"우리에게 행운이 찾아온 적이 있었던가?"

이 책은 이런 물음에 답하려고 저술한 책입니다.

사람이 크게 성장 · 성공하려면 위인전을 읽으라고 합니다.

대영웅이라고 일컫는 나폴레옹도 카이사르의 『갈리아 전기』를 외우다시피 읽었고, 또 그 카이사르는 알렉산더를 닮는 것이 소원이어서 많이 본따서 행동했답니다.

대정치가이든, 큰 부자이든, 대학자이든, 대예술가이든, 큰 운동선수이든 간에 어렸을 때는 항상 자기가 숭배하는 영웅들이 있었고, 그런 그들과 닮으려고 노력하면서 더욱 크게 성장하였습니다.

이 책은 재미나 흥미로 읽는 책이 아니라, 나에게 맞는 영웅을 찾아서 그 사람을 철두철미 연구하여, 그를 배우는 인생 참고서입니다.

필자에게도 중학교 시절 생일선물로 받은 『플루타크 영웅전』을 교과서처럼 읽고 또 읽으며 그들과 닮으려고 애썼던 기억이 있습니다.

우리의 꿈은 항상 엷은 분홍빛으로 희망에 물들어 있습니다. 그러나 현실은 역경과 고난과 고통의 회색빛, 더 나아가서는 검정색으로 어둡게 칠해져 있기 쉽습니다. 이때 누가 우리를 이끌어 줍니까? 아니, 누가 어떻게 이런 곳을 박차고 나아갈 수 있도록 도와줍니까?

우리는 학창시절이나 사회생활에서나 극심한 경쟁을 부추기는 세상에 살고 있습니다. 아마 우리의 후대로 가면 갈수록 더 심해질 것입니다. 이런 극한 상황에서 진정 우리를 이끌어 줄 참다운 영웅이 필요합니다.

기존의 영웅전, 위인전은 나에게 어떤 영향을 주었을까요? 그들은 나와 어떤 관계일까요?

이 책은 딱 맞는 옷을 고르듯이 자신과 성격 소질 욕망이 꼭 맞는 영웅을 골라 잘 선택하여, 그들이 어떤 삶을 살고 어떤 성공을 했는지 알도록 꾸몄습니다.

나에게 딱 맞는 영웅을 벤치마킹하여 그들과 똑같은 성공된 삶을 영위함으로서 웰빙 인생의 길을 터야 하는 것이 참된 인생 설계가 아니겠습니까?

이 책에서 소개한 운명요소법은 중국과 일본에서 가장 적중도가 높은 〈투파·명징파 명리학〉이론을 쉽게 원리만 적용한 것입니다.

특히, 〈소질검색〉에서의 '소질형(급수)'은 다른 책에서는 찾아볼 수 없는 비법입니다.

자, 이제 이 웰빙 인생 참고서로 각자 자기에게 꼭 맞는 영웅을 찾아봅시다. 그리하여 그를 벤치마킹하고, 그들의 인생을 낱낱이 심사해서, 그들이 살아간 방법, 성공한 방법, 역경을 헤쳐 나간 방법 등을 배우면서, 우리의 인생을 웰빙 인생으로 바꿔 나가야 하지 않겠습니까?

김남용

C o n t e n t s

구한말 누가 다스려야 했는가?

흥선대원군

조선 제26대 왕 고종의 아버지. 당시 안동 김씨 세도 정치 아래 왕족에 대한 감시가 심하자 무뢰한들과 어울리며 구걸도 서슴지 않아 비웃음을 사기도 하면서 목숨을 부지하였다.

철종이 후사 없이 죽자 둘째 아들이 왕위에 오른 후 섭정을 하면서 강력한 혁신 정치를 추진. 세도 정치를 분쇄하고, 당색과 문벌을 초월하여 인재를 등용하고, 서원 철폐와 복식 간소화 등 공헌이 많았다. 그러나 지나친 쇄국 정책과 세금 징수로 명성황후와의 권력 투쟁에서 패하여 물러났다. 이후 임오군란으로 재집권, 명성황후를 밀어내는 듯하였으나 청나라의 개입으로 실각, 다시 일본의 을미사변에 힘입어 재집권 등 권력의 부침이 심하였으나, 고종의 아관파천 이후 친러시아 정부가 수립되자 영원히 은퇴하였다.

명성황후

고종의 비. 민비라고도 한다. 흥선부대부인의 천거로 왕비로 간택되어 고종의 비로 입궁하였다. 대원군과의 피할 수 없는 투쟁의 발단은, 대원군이 고종의 궁녀 이씨의 몸에서 태어난 왕자 완화군을 매우 사랑하여 세자로까지 책립하려는 데서 시작되었다.

이후 고종에게 왕권을 찾으라고 끈질기게 주장, 대원군과 계속적인 암투를 벌이며 자기 세력을 넓혀 나갔다. 결국 대원군의 정적들과 힘을 합쳐 최익현의 상소로 대원군을 몰아내고 정권을 장악, 일본과 강화도조약을 체결하였다. 대원군과의 권력싸움에서 엎치락뒤치락하면서 구한말을 대원군과 번갈아가며 집권하였으나, 친러시아 정책을 고집하는 바람에 일본에 의해 처참한 죽음을 맞이한 비운의 주인공이 되었다.

자, 그러면 이제 이 두 사람의 운명 요소(사주팔자)로 그들을 차근차근 비교해 보도록 하겠습니다.

① 흥선대원군
　　운명요소 경진년 기축월 임술일 계묘시(庚辰年 己丑月 壬戌日 癸卯時)
② 명성황후
　　운명요소 신해년 무술월 무신일 무오시(辛亥年 戊戌月 戊申日 戊午時)

1. 본능 검색

이들의 본능을 비교하여 누가 더 현실에 적극적인가, 누가 더 악착같은가, 누가 적을 보면 꼭 잡아먹으려 하나, 공격형인가, 방어 도피형인가를 알아보도록 하겠습니다.

① 대원군(辰 ➡표 ⬅戌 ➡卯)

대원군은 용띠와 소띠, 개띠와 토끼띠로 본능이 이루어져 있습니다.

맨 밑에 용(辰)띠와 개(戌)띠가 있고, 그 위에 소(丑)띠와 토끼(卯)띠가 있습니다. 결국 사람들이 겉으로 보기에는 소띠와 토끼띠의 본능이 보이고, 그 속을 파고들면 용띠와 개띠의 본능이 숨겨져 있다는 말입니다.

먼저 개띠와 용띠를 설명하겠습니다.

개띠는 집에서 기르는 강아지처럼 귀여움을 보여 주는 동물이 아니라, 사냥개의 성질을 갖고 있는 개띠입니다. 사냥개는 강렬한 책임감이 있는 동물로서 사냥할 때 먹이를 탐색 추적하는 막중한 임무를 갖고 있는데, 자기만이 할 수 있다는 과도한 책임감 때문에 늘 과로하고 있죠.

그러면 용띠는 어떻습니까? 용에는 두 가지 종류가 있다고 합니다. 비룡(날아다니는 용)과 잠룡(숨어 있는 용)이 그것인데, 용은 모두 다 시원시원하고 막힌 데가 없으며, 도량이 크고, 두뇌 감각이 탁월한 영물입니다. 잠룡일 때는 가슴 속에 이상향을 꿈꾸며 준비하고, 비룡일 때는 이를 적극적으로 실행하는 강한 추진력이 있죠. 어찌 보면 몽상가요, 자기 생각대로 안 되면 불같이 화를 내고 신경질을 부리곤 한답니다.

이제 그 위에, 즉 겉에 나타난 토끼띠를 보실까요?

토끼는 그냥 귀엽고 평화스런 토끼가 아니라 '교토'라고 하여 교활한 토끼의 꾀가 들어 있습니다. '교토삼굴(狡兎三窟)'이라는 말, 들어 보셨죠? 교활한 토끼는 굴을 세 개 뚫어 놓고서 이리저리 피하다가 때를 보아서 공격하곤 한답니다. 또 토끼는 귀를 쫑긋거리면서 기회를 잘 보고 생각이 굉장히 세밀한 데가 있는데, 아마 그래야 살아남을 수 있기 때문이죠.

그 다음은 소띠인데, 가장 겉에 나타나 눈에 띄는 본능입니다.

소는 우선 좀 느리고 자기 방식을 절대 바꾸지 않는, 극히 보수적이면서 완고한 면이 있는 동물입니다. 우보전술(牛步戰術)이라고 해서 자기 전술만을 고집하며 차근차근 일한다는 뜻입니다. 또 소는 되새김질을 하는 동물이어서 같은 것을 씹고 또 씹듯 참고 참다가 한번에 욱하고 터지는 괴팍한 성질도 있다고 합니다.

② 명성황후(亥 ←戊 →申 ←午)

명성황후는 돼지(亥)띠와 개(戌)띠와 원숭이(申)띠, 그리고 말(午)띠로 이루어져 있습니다.

맨 밑에는 개띠와 말띠가 있고, 그 위에 돼지띠와 원숭이띠가 있는 것이죠. 결국 사람들이 볼 때는 겉에 있는 돼지띠와 원숭이띠의 본능만 보이는데, 사실 그 속을 파고들면 개띠와 말띠의 본능이 숨겨져 있다는 말입니다.

우선 개띠는 대원군 편에서 충분히 설명하였으므로 그것을 참조하시기 바랍니다. 말띠를 설명하면 낙관적이면서 명랑 쾌활하고, 화려하여 자기가 최고라는 정신적 허영으로 치달을 수 있는 본능입니다. 감수성이 예민하고 말을 교묘하게 잘하며, 좋고 나쁜 것이 확실해서 싫은 것은 꼴도 보기 싫어합니다. 희노애락의 표시가 얼굴에 확 나타나는 성질이 있죠. 또한 오지랖이 넓어서 자기 일보다는 남의 일까지 모두 떠맡는 본능입니다.

이제 곁에 나타난 돼지띠와 원숭이띠를 살펴보시죠.

돼지띠는 집에서 기르는 뚱뚱하고 지저분한 돼지가 아니라, 야생으로 자라난 멧돼지를 말합니다. 멧돼지는 우선 그 저돌적인 돌진이 바로 성질입니다. 앞에 바위가 있든 곰이 있든, 일단 돌진해서 머리로 받아 버리는 용맹성이 있습니다. 그리고 한번 한다고 하면 기어코 하고야마는 신념이 있어서 아무도 못 말립니다. 은근히 강직하고 성실하며 의지가 강합니다.

그 다음, 곁에 나타난 원숭이띠를 봅시다. 원숭이라 하면 영감과 관찰력이 매우 뛰어나면서 생각도 세밀하여, 지식 흡수력과 기획 능력이 탁월한 동물입니다. 또한, 자기 안전과 이득을 위해서는 언제나 계책을 꾸미는 것이 습관화되어 있는 동물입니다.

본능 종합 판단

대원군은 비룡의 이상향을 꿈꾸며 사냥개의 책임감과 교활한 토끼의 꾀로 소처럼 우직하게 다스린 반면, 명성황후는 사냥개의 책임감에다 말띠의 현실 감각이 뛰어난 임기응변의 요설과 원숭이의 관찰력, 탁월한 계략을 멧돼지의 저돌성으로 맞대결을 펼쳤으니, 그 처절함이란 이루 다 표현할 수 없을 지경이었죠.

막상막하의 싸움에서 자기 편을 많이 끌어들인 명성황후가 세력을 확장시키면서 임기응변으로 외국 세력과 수시로 결탁하여 대세를 틀어쥐었으나, 한때 대원군의 소띠의 되새김질인 복수의 화신에게 걸려들어 크게 혼난 적이 있었습니다. 죽다 살아났죠.

아무리 보아도 이 본능 검색에서는 근소한 표 차이로 명성황후의 우세가 점쳐지지 않을까요?

본능표

라이벌	동물이름	사주용어	겉에 보이는 것(방어용)	속에 숨긴 것(공격용)
흥선 대원군	용	진(辰)	시원시원, 적극적, 딱 부러진 행동	감각적, 두뇌 총명, 실행력
	소	축(丑)	친절, 온정, 정리	괴팍, 불굴, 보수, 완고
	개	술(戌)	정직, 성실, 온순	책임감, 승부욕, 직관, 경계, 자기 중심
	토끼	묘(卯)	낙천적, 명랑, 침착	기회주의, 꾀, 심사 세밀
명성황후	돼지	해(亥)	맹렬, 고집, 돌진, 솔직, 의지력	신경 예민, 사명감, 용맹, 상상력
	개	술(戌)	대원군 참조	대원군 참조
	원숭이	신(申)	쾌활, 명랑, 친절	영리, 관찰력, 창의, 변화무쌍, 이해력
	말	오(午)	정직, 자유분방, 교제, 허영, 쾌활	두뇌 회전, 기지, 요설, 감수성

2. 개성 검색

① 흥선대원군(庚 ←己 →壬 ←癸)

대원군의 개성은 경(庚), 기(己), 임(壬), 계(癸)로 이루어져 있습니다. 맨 밑에 기(己)와 계(癸)가 있고, 그 위 곁에 경(庚)과 임(壬)이 있는 것이죠.

이제 이들 개성을 설명하겠습니다.

계(癸)는 현실성보다는 공상, 환상, 극단적으로는 망상까지도 갈 수 있는 개성입니다. 융통성이 없으며, 의심이 많고, 정감이 매우 세밀합니다. 기(己)는 이해 흡수력이 뛰어나고, 다재다예(재주가 많고 예술적 기질이 있음)합니다. 자기 자신에게는 매우 충실한 반면, 어려운 일에 처하면 의지를 잃고 소극적이 되는 수가 많습니다.

그러면 곁에 나타난 임(壬)은 어떤가요?

임(壬)은 낙관적이고, 영감이 있고, 지혜롭고 총명한 개성을 나타냅니다. 경(庚)은 의협심과 정의감, 능변(말을 조리 있게 잘함)과 과단력이 있는 개성입니다.

이 개성이 나타나는 방법을 보면, 경(庚)은 기(己)의 도움으로 나타나므로 기(己)의 이해 흡수력을 뒷받침으로 하여 경(庚)의 능변과 과단성이 보여지게 되고, 임(壬)은 기(己)에게 얻어맞고 계(癸)의 도움을 받아 나타나므로, 임(壬)의 지혜와 총명은 계(癸)의 공상과 환상에 힘을 얻었지만, 기(己)의 다재다예로 타격을 받고 마는 것입니다.

좀 복잡하죠? 그러나 이렇게 복잡하니까 사람을 알아보기가 힘든 것이겠죠.

② 명성황후(辛 ←戊 · 戊 · 戊)

명성황후의 개성은 간단한 2개 층으로 되어 있습니다. 그만큼 단순한 개성인 것이죠. 맨 밑에는 무(戊)가, 그 위 곁에 신(辛)이 있는 것입니다.

그러면 무(戊)의 개성은 어떨까요? 이것은 기초를 탄탄하게 다진 후 시간을 충분히 활용하면서 일을 착착 진행시키는, 관리 능력이 매우 뛰어난 개성입니다. 또한 한번 사람을 믿으면 끝까지 믿고 밀어주며, 자기 일은 끝까지 관철시키고야마는 성질이 있습니다.

결점이라면, 자기 방식만을 고집하며 자기 중심으로 일을 하여 융통성이 없다는 말을 들을 때가 많다는 것입니다. 이 관리 능력에 힘입은 신(辛)은 감수성과 자존심, 강한 권력욕이 있으며, 그에 알맞은 두뇌 회전 능력이 있어 머리가 잘 돌아간다는 말을 들을 정도입니다. 그러나 남의 부탁, 특히 약자의 부탁을 차마 거절하지 못하는 인정미가 있어서, 이것이 가끔 큰일을 그르치기 쉽다 하겠습니다.

개성 종합 판단

이상향과 공상을 꿈꾸는 다재다예한 대원군에 비해서, 현실 관리 능력과 권력욕이 월등한 명성황후가 역시 대중성 · 현실 장악력에 힘입어 근소한 표 차이로 우세가 점쳐집니다.

개성표

라이벌	사주용어	태도(겉모습)	능력(속모습)
흥선 대원군	경(庚)	민감, 의협심, 대충대충	능변, 이해력, 과단력
	기(己)	소극적, 선량, 내심 복잡	이해력, 다재다예, 응변력
	임(壬)	낙관, 총명, 지혜	임기응변, 힘, 영감
	계(癸)	순진, 신경 예민, 결벽	감정 세밀, 심사숙고, 환상
명성황후	신(辛)	친절, 감수성, 허영, 자존심	두뇌 회전 강함, 인정미, 권력욕
	무(戊)	낙천적, 자기 중심, 자존심, 명예	합리적 관리 능력

3. 소질 검색(인생의 목적과 수단, 재능이 나타남)

① 흥선대원군(庚←己→壬←癸)

대원군의 인생 목적은 법의 칼(己→壬, 사주용어 : 정관)을 휘두르며 최고의 명예(庚→壬)를 얻는 것입니다.

그러나 법의 칼을 휘두르는 방법에 있어서 기(己 · 흙)가 임(壬 · 맑은 물)을, 즉 흙이 맑은 물을 흐리는 것처럼 가차없이 자르므로 남을 무시하는 태도가 은연중 나타나 방약무인, 안하무인의 형태를 보입니다. 따라서 적도 떨지만 아울러 자기 편도 겁을 먹고 마는 결과로 나타나, 시간이 가면 갈수록 자기 편이 줄어듭니다.

무엇보다 법 집행이나 사람 관리를 철저하게 하는 측면이 강합니다. 결국 이 점이 법에 맞지 않는 구악을 말끔히 청소하는 데는 큰 역할과 성과가 있었으나, 사람들의 마음을 얻지 못한 결과를 초래하였습니다.

② 명성황후(辛 ←戊)

명성황후는 개혁 창조 능력(辛 ←戊) 또는 기회·사람 이용 능력(戊 →辛)이 매우 돋보이는 소질입니다. 특히 무(戊)가 신(辛)을 도울 때는, 선천적인 개혁 창조 능력보다는 많은 노력 끝에 얻어지는 후천적인 소질입니다.

소질 종합 판단

두 사람 다 정치 본연의 도덕률(백성을 자식같이 사랑해야 한다는 율)에는 문제가 있으나, 그래도 대원군이 명성황후보다는 한수 위라고 할 수 있습니다.

소질표

라이벌	형 태	사주용어	특 징	소질형	급수
흥선 대원군	壬 ←己	정관	법에 의한 관리	방약무인형	D
	壬 ←庚	편인	아이디어, 기회·인간 이용 능력	적극 찬스형	B
	壬 ←癸	겁재	모험, 투기	공동 투자형	B
명성황후	戊 →辛	상관	창조 개혁 능력	노력형	B
	辛 ←戊	인수	자료 수집, 기회·인간 이용 능력	적극 찬스형	A

4. 욕망 검색(잠재의식, 꿈 : 오행사주에서 월지용신임)

① 흥선대원군(壬 일에 丑 월)

대원군은 최고의 관리자, 법의 집행자가 되는 것을 욕망으로 갖고 있으며, 은근히 정신적 명예욕도 아울러 갖고 있습니다.

그러나 권력을 갖는 것은 자기 몸에 흙탕물을 뒤집어쓰는 것이라는 것을 몰랐던 것입니다.

② 명성황후(戌일에 戌월)

명성 황후는 자기 마음대로, 자기 독립적인 일을 하고 싶은 욕망, 자기가 한 일을 꼭 자기가 확인하고 매듭 짓고 싶은 욕망 속에 살았습니다.

▌욕망 종합 판단

사회적 지배 구조를 이해했던 대원군이 한수 위라고 할 수 있습니다.

5. 인간 관계 검색

① 대원군과 고종의 부자(父子) 관계는, 기축월(己丑月)에 계묘시(癸卯時)일 때 아들을 매우 엄격하게 다루는, 통제하는 사람이며 때로는 1 : 1로 독립적인 관계를 유지합니다.

② 명성황후의 부부 사이는 무술월(戊戌月)에 무신일(戊申日)인 경우 남편을 자식같이, 즉 모성애로 남편을 끝까지 감싸고 안아 주는 사람이 됩니다.

6. 총체 종합 판단

본능 · 개성 · 소질 · 욕망 · 인간 관계를 종합해 보면, 본능 · 개성 면에서는 명성황후가, 소질 · 욕망면에서는 대원군이 각각 우위를 점하고 있습니다. 결국 절대적 승부가 없는 막상막하의 각축전이 벌어졌다 하겠습니다.

외세(청 · 일본 · 러시아)의 개입이 없었다면 대원군의 이상향(癸 · 辰)이 빛을 볼 수도 있었겠으나, 단둘의 싸움이 아닌 외세의 각축장에서 명성황후의 적극적 지아비 보호 작전에 휘말려 피의 아수라장이 되고 말았습니다.

구분	흥선대원군	명성황후	형 태
본능		O	
개성		O	
소질	O		나라 다스리는 데는 소질이 제일 중요
욕망	O		나라 다스리는 데는 욕망도 매우 중요
인간 관계	O		

최종 판단

외세 개입이 없었다면 대원군이 다스리는 것이 나라에 큰 도움이 되었을 것이나, 외세 개입 후 명성황후의 지아비 보호 작전이 주효하였다고 생각됩니다.

대원군은 낙백 시절 정말 힘들게 살았습니다. 안동 김씨 세도 정치에 억눌려 살던 백성들보다 더 힘들게 산 사람들은 왕족이었죠. 특히 똑똑하던 대원군의 친척 이하전이 철종과 왕위를 다투다 죽자, 대원군은 더욱 공포에 떨었습니다. 가난과 불안, 그것이 왕족의 사는 길이었죠. 대원군은 이 두 가지를 다음과 같이 해결했습니다.

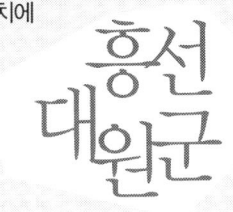

안동 김씨 세도가에 수시로 드나들며 구걸 행각을 벌이는 것이었습니다. '상갓집 개'라는 별명으로 불리며 스스로 큰뜻이 없음을 보이고, 또 비굴하게 얻어먹으며 험한 세월을 보냈습니다. 그러나 모든 촉각은 궁중에 모아 철종이 후사 없이 죽자 조대비와 타협, 둘째 아들 '명복'으로 하여금 왕위를 계승케 하고, 마침내 실권을 장악하였습니다.

그는 세도 정치를 혁파하고 기타 악습을 개혁하는 정치를 폈지만, 세도 정치 세력을 너무나 경시한 나머지, 그들 테크노크라트의 나라 다스리는 방법을 계승하지 못하고 말았습니다.

명성황후는 몰락한 양반가에 태어났으나 부친을 일찍 여의고 아무 희망 없이 살아가던 처지였습니다. 이 몰락한 가문이라는 사실이 대원군의 마음에 들어 왕비로 간택되었습니다. 고종이 처음 민비를 싫어했던 이유는, 색시라고 큰 기대를 걸고 보았더니 늘상 자기 집에 어머니를 찾아오던 아주머니뻘이었으니 정이 갔겠습니까. 한동안 궁인 이씨와 좋아 지내고 완화군이라는 아들까지 두었지만, 민비의 절치부심 노력이 빛을 보고야 말았습니다.

그 독수공방 시절, 정치가나 읽을 어려운 책들이라는 『논어』, 『맹자』, 『시경』은 물론이요 『주역』, 『자치통감』 등 닥치는 대로 읽고 외우고 사색하며 정치에 일가견을 세울 수 있었죠.

이 두 인물은 어려운 때를 허송세월하지 않고, 한 가지 뚜렷한 목표를 세워 불철주야 노력하고 또 노력해서 자기의 초지를 관철시키고야 만 것입니다.

:: 롬멜 VS 패튼

누가 최고의 군인인가?

사막의 여우 롬멜이냐, 광야의 싸움닭 패튼이냐!

여러분은 아마 제2차세계대전 기록 영화에서 롬멜 상군을 종종 보았을 것입니다. 단정 깔끔한 외모에 탱크안경을 이마에 턱 올려 쓰고, 좀 과묵한 듯하면서도 약간 수줍은 듯한 엷은 미소를 띤 얼굴의 장본인 말입니다. 영국의 유명한 수상인 처칠이 "적군이지만 정말 훌륭한, 진정한 군인"이라고 극찬하고, '사막의 여우(Desert fox)'라는 별명까지 붙여 준 바로 그 장군. 롬멜이야말로 전략·전술 면에서 아무도 따를 수 없는 사람이었죠.

한편, 미국의 유명한 전쟁 영화인 《패튼대전차군단(Patton, Lust for Glory)》에서는 조지 스코트가 패튼 장군으로 열연하였는데, 격정적이고 맹렬하면서도 이기적인 애국자로 그려졌죠. 패튼은 몇 대에 걸친 군인 집안에서 태어나 군인 이외에는 할 것이 없다는 생각을 가진 조금은 괴짜 사나이로 유명했답니다. 사관학교 시절부터 별명이 화려한데, 주로 '싸움닭', '사고뭉치', '골칫거리'라는 별명으로 불렸다고 합니다. 무모한 저돌성과 지독한 이기심, 자기의 영광을 위해서는 상관의 지시도 듣지 않고, 전투 명령도 자기 멋대로 뜯어 고치는 사람으로 유명했습니다.

에르빈 롬멜 Erwin Rommel, 1891-1944

독일 육군 원수. 제2차세계대전 중에 탁월한 실력을 발휘한 야전 지휘관이다. 독일 육군에 들어가 제1차세계대전 중에는 보병소부대 지휘관으로서 이름을 떨쳤다. 제2차세계대전 중에는 히틀러 총통의 호위대장을 맡고 있었으나, 이윽고 프랑스 작전에서 제7기갑사단장으로 아르덴느 고원을 선봉으로 돌파하고, 파죽지세로 프랑스의 중심부를 꿰뚫어 프랑스 몰락의 시발점이 되었다.

1941년 초 이탈리아군을 원조하기 위하여 아프리카 방면 군사령관으로 기용되어, 그야말로 천재적인 직관과 결단력, 기발한 아이디어 등을 종횡으로 구사하여 연합군을 갈팡질팡하게 만들었다. 1942년 6월 토브루크를 함락시키고 이집트까지 침입하여 알렉산드리아를 160km 앞둔 지점까지 진격하였다. 그러나 독일이 소련과의 전투를 시작하면서 전투 물자가 턱없이 부족해지자 차츰 아프리카의 독일군에게 전투 물자, 특히 유류와 탄알 등을 거의 대주지 않게 되었다.

결국 전투력의 결정적 약세로 엘 알라멩 전투에서 영국의 몽고메리 원수에게 패하고 튀니지로 후퇴, 끝내는 아프리카에서 철수하는 비운을 맞았다. 이후 1944년 6월 연합군의 노르망디 상륙작전에서 정중앙을 방어하는 B군집단사령관으로 독일군을 지휘하던 중 전략작전상의 문제로 히틀러를 방문하려고 베를린으로 가다가 적 비행기의 기총소사로 크게 부상당하였다. 이후 병을 치료하고 있었으나 때마침 터진 히틀러 암살사건에 연루되어 자살하였다. 저서로는 『롬멜 보병전술』, 『롬멜 전사록(롬멜의 아들이 발간)』 등이 있다.

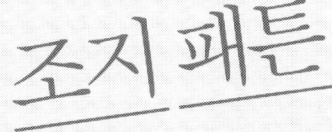

George Smith Patton, 1885-1945 　조지 패튼

미국 군인. 1909년 육군사관학교를 졸업하고, 1917년 제1차세계대전에 참가하여 군대 편제를 구성하는 임무를 맡아 공을 세웠다. 제2차세계대전 중 1942년 미군 제7군사령관으로 이탈리아 시칠리아 섬 전역을 신속 정확히 완전 장악하여 이름을 크게 떨쳤다. 1944년 여름 노르망디 상륙작전에서 특출난 전격적 공격으로 프랑스 중부 전역을 제압하였으며, 그해 12월 그 유명한 발지 대전투에서 큰 역할을 담당하였다. 1945년 3월 독일 본토로 진격하여 라인강을 돌파하는 데 성공한 이후, 독일 남부, 체코, 오스트리아 등을 점령하는 혁혁한 전공을 올렸다. 독일이 항복한 뒤 바이에른 지방 군정장관으로 임명되었으나, 정부의 비(非)나치스화 정책을 비판하여 직위를 박탈당하였다.

용맹하고 저돌적인 지휘관인 반면, 너무나 군인 정신과 군대 기강을 중시한 나머지 병사 구타 등으로 물의를 일으켜, 미국 민주사회에서 비난도 많이 받았다. 저서로 『내가 알고 있었던 전쟁』이 있다.

이 두 사람은 전략·전투 면에서 많은 명언들을 남겼는데, 잠깐 소개하면 다음과 같습니다.

롬멜 어록

① 승리는 한치의 땅이라도 악착같이 죽음으로써 지킬 때에 얻어지는 것이다.

② 태풍을 휘어잡으려면 태풍의 눈 속까지 들어가지 않으면 안 된다.

③ 모험을 시도하라, 그러나 도박은 하지 말라.

패튼 어록

① 병사의 눈은 예지로 빛나야 하며, 완전히 전투에 열광케 하여 왕성한 기백과 공격 정신으로 승리의 길로 전진토록 하라.

② 공격해 오는 적 전차에 성난 늑대같이 달려드는 용기가 필요하다.

③ 공포와는 타협하지 말라, 아니 상의조차도 하지 말라.

④ 공격하라, 공격하라, 피로가 극심할 때까지 공격하라. 피로가 극에 도달해서 쓰러졌을 때, 바로 그때 다시 공격하라.

자, 그러면 이제 이 두 사람을 운명요소(사주명리학)로 차근차근 비교해 보도록 하겠습니다.

① 에르빈 롬멜

생년월일 1891년 11월 15일 12 : 00

운명요소 신묘년 기해월 을사일 임오시(辛卯年 己亥月 乙巳日 壬午時)

② 조지 패튼

생년월일 1885년 11월 11일 18 : 38

운명요소 을유년 정해월 경오일 을유시(乙酉年 丁亥月 庚午日 乙酉時)

1. 본능 검색

① 롬멜(卯←亥↔巳→午)

롬멜은 토끼띠와 돼지띠, 뱀띠와 말띠로 본능이 이루어져 있습니다. 맨 밑바닥에는 돼지띠(亥)와 뱀띠(巳)가 있고, 그 위 겉에는 토끼띠(卯)와 말띠(午)가 있습니다.

결국 사람들이 겉으로 보기에는 토끼띠와 말띠의 본능이 있지만, 그 속을 파고들면 돼지띠와 뱀띠의 본능이 숨겨져 있다는 말입니다.

이제 속에 있는 돼지띠와 뱀띠를 설명하겠습니다.

돼지띠는 이전의 명성황후 편에서 설명했다시피 야생으로 자라난 멧돼지를 말하는데, 저돌적인 돌진이 그 특질입니다. 앞에 무엇이 있든 돌진해서 받아 버리는 용맹성이 있고, 한번 한다면 기어코 하고야 마는 의지적 신념과 강직하고 성실한 면이 있습니다.

그 다음 뱀띠는 조심조심 먹이에 다가가는 지나친 조심성이 특징입니다. 앞을 의심하고, 조시히고, 그리면시도 미이를 조준하면 난한 번에 확실하고도 재빠른 공격으로 먹어 치웁니다.

여기서 이 돼지띠와 뱀띠는 서로 치열하게 싸우는 관계(사주용어 : 충沖)로 나타납니다. 즉, 저돌적인 멧돼지의 어금니와 독사의 날카로운 이빨과 독의 싸움이니 얼마나 처절하고 무시무시하겠습니까? 마음속에 이런 사활이 걸린 투쟁이 있으니, 이 사람의 속은 매우 독하다고 하겠습니다.

그 다음 겉에 나타난 본능은 토끼띠와 말띠인데, 토끼띠는 멧돼지의 저돌적인 힘을 받아 더욱 강해진 토끼로 변했습니다. 토끼띠는 이전의 대원군 편에서 설명했지만, '교토'라고 하여 교활한 꾀가 들어 있습니다. 또 토끼는 귀를 쫑긋거리면서 기회를 잘 보고 생각이 매우 세밀한 데가 있다고 합니다.

말띠는 낙관적이면서 감수성이 예민하고, 말을 조리 있게 잘하며, 희노애락의 표시가 얼굴에 확 드러나는 성질이 있죠.

② 패튼(酉◀━亥➡午━➡酉)

패튼은 닭띠와 돼지띠, 말띠와 다시 닭띠로 본능이 이루어져 있습니다.

겉에는 닭띠가 있고, 그 속에는 돼지띠가 있습니다. 다른 쪽에는 맨 속에 돼지띠가, 그 위에 멧돼지에게 얻어맞은 말띠가, 그 위에는 말띠에게 얻어맞은 닭띠가 나타나 있습니다.

말띠와 돼지띠는 이미 롬멜 편에서 설명하였으니 이를 참고하시기 바랍니다. 여기서 닭띠는 공작새와 같은 성질을 갖고 있습니다.

그러면 공작새는 어떤 새일까요? 자기의 화려함에 도취하고, 허영

심과 자존심과 조급함이 있고, 또 자기 방어 본능이 아주 강하다고
합니다. 또 자기를 위해 주지 않으면 신경질을 내고, 두뇌 회전이 매
우 빠른 본능입니다.

본능 종합 판단

계략적인 면(토끼띠)과 투쟁적인 면(돼지띠와 뱀띠의 처절한 투쟁)에
서 롬멜이 엄청나게 수가 높다고 하겠습니다.

둘 다 남들 앞에 화려하게 나서려고 하는, 또 남에게 잘 보이려고
하는 본능(말띠)이 있지만, 이 점은 패튼이 월등하다고 하겠습니다(공
작새 · 닭띠 본능).

본능표

라이벌	동물이름	사주용어	겉에 보이는 것(방어용)	속에 숨긴 것(공격용)
롬멜	토끼	묘(卯)	낙천적, 명랑, 침착	기회주의, 꾀, 심사 세밀
	돼지	해(亥)	맹렬, 고집, 돌진, 솔직, 의지력	신경 예민, 사명감, 용맹, 상상력
	뱀	사(巳)	온화, 교제, 상대방 이해	임기응변, 감수성, 의심, 조준 사격
	말	오(午)	정직, 자유분방, 교제, 허영, 쾌활	두뇌 회전, 기지, 요설, 감수성
패튼	닭	유(酉)	조급, 허영, 친절, 동정심	영리, 관찰력, 창의, 변화무쌍, 이해력
	돼지	해(亥)	롬멜 참고	롬멜 참고
	말	오(午)	롬멜 참고	롬멜 참고

2. 개성 검색

① 롬멜(辛←己←乙←壬)

롬멜의 개성은 신(辛), 기(己), 을(乙), 임(壬)으로 이루어져 있습니다. 맨 밑층에 임, 그 위에 을, 그 위에 기, 맨 위에 신이 있는 것이죠. 이제 이 네 개의 개성을 설명하겠습니다.

먼저 임(壬)은 대원군에서 설명했지만 낙관적이고 영감이 있고, 지혜롭고 총명한 개성을 나타내고 있으며, 내심에는 임기응변과 영감이 들어 있습니다.

그 다음 을(乙)은 표현 능력이 풍부하고, 현실 감각이 뛰어나며, 독점욕과 타산적 성격이 매우 강합니다. 일이 잘 풀리지 않을 때는 겁을 많이 내어 조심성이 많아지고, 남에게 의뢰심이 많아지기도 합니다.

그 위의 기(己)는 이해 흡수력이 뛰어나고 다재다예하며, 자기 자신에게는 매우 충실한 반면, 어려운 일이 생기면 의외로 소극적으로 변합니다.

이제 맨 끝에 나타난 신(辛)의 개성을 보면 매우 친절하고, 감수성과 자존심이 강하고, 권력 욕심이 턱없이 많습니다. 대신 약자에게 너무 인정이 많아 큰일을 그르칠 때가 있습니다.

② 패튼(乙→丁→庚→乙)

패튼의 개성은 을(乙), 정(丁), 경(庚), 다시 을(乙)로 이루어져 있습니다.

맨 밑에 을, 그 위에 정, 그 위에 경, 맨 위에 다시 을이 있는 것이죠. 을로 시작해서 을로 끝나는, 겉과 속이 똑같은 개성인 것입니다.

을(乙)은 롬멜에서 설명했으니 생략하고, 그 위의 정(丁)은 개혁 성격(기존 세력을 받아침)이 매우 강하고 주도 면밀성이 있으며, 어떤 일을 꾸밀 때는 매우 깊이 생각하는 면이 보입니다. 경(庚)은 민감성·과단성·의협심·결벽성·이해력 등이 있지만, 참 사귀기 힘든 성격이기도 합니다.

▎개성 종합 판단

롬멜이 영감과 권력욕, 두뇌 회전 능력에서 패튼의 솔직성(겉과 속이 같은 '을'임)을 앞지른다고 보여지므로, 롬멜이 전술적인 면에서 우위에 있다고 하겠습니다.

개성표

라이벌	사수용어	태도(겉모습)	능력(속모습)
롬멜	신(辛)	친절, 감수성, 허영, 자존심	두뇌 회전, 거절 못함
	기(己)	소극적, 선량, 내심 복잡	이해력, 다재다예, 응변력
	을(乙)	유순, 온화	계산 면밀, 점유욕, 표현 능력
	임(壬)	낙관, 총명, 지혜	임기응변, 힘, 영감
패튼	을(乙)	유순, 온화	계산 면밀, 점유욕, 표현 능력
	정(丁)	예의 열정, 자기 희생	주도면밀, 개혁
	경(庚)	민감, 의협심	능변, 이해력, 판단력

3. 소질 검색

① 롬멜(辛←己←乙←壬)

롬멜은 관리 능력이 우수한 보스(사주용어 : 편관)가 되는 것이 꿈이요, 인생 목적입니다. 이 목적을 달성하기 위한 수단은 자료 수집과 기획 능력(사주용어 : 인수), 현장 확인 정보 판단(사주용어 : 편재)입니다. 이 소질들은 기획 업무나 정보 수집 업무, 관리 업무에 매우 적절하면서도 특출난 소질들입니다.

한편 '편관'이라는 것은 편법 사용도 마다하지 않는 소질로서, 난세나 전쟁에서 매우 큰 역할을 담당합니다.

② 패튼(乙→丁→庚→乙)

패튼의 인생 목적에는 근면 성실함, 노력의 결과를 꼭 챙기고야마는 꼼꼼함, 땀 흘려 밭을 갈아야 밥 먹여 주는 깍쟁이 같은 성격이 있습니다(사주용어 : 정재).

이 목적 달성을 위해서는 정당한 관리 능력(사주용어 : 정관)을 사용하고, 법에 맞지 않으면 가차없이 당당하게 탓하는 능력을 보여 줍니다. 그러므로 전쟁 공포 노이로제에 걸려 전장을 이탈해 버린 부하에게 꾀를 부리고 있다고 비난하면서 권총으로 위협하여 전쟁터로 내보냈고, 결국 그 부하가 전쟁에서 죽자 큰 문제가 되어 한동안 지휘권을 박탈당하기도 하였습니다.

소질 종합 판단

편법 사용에 익숙하고 사명감과 위험을 무릅쓰는 보스형인 롬멜이, 정당성을 앞세워 쉬운 정공법을 주로 사용한 패튼보다 승리할 가능성이 매우 높다고 판단됩니다.

소질표

라이벌	형 태	사주용어	특 징	소질형(급수)	
롬멜	乙➡己	편재	정보 수집 능력	착취 간섭형	B
	乙⬅辛	편관	관리, 보스 역할	신중 세심형	B
	乙⬅壬	인수	자료 수집	기회 대기형	B
	辛➡乙	편재	정보 수집 능력	파괴 간섭형	C
패튼	庚➡乙	정재	근면 성실, 꼼꼼한 챙김	지도 간섭형	C
	庚⬅丁	정관	법에 의한 관리	영리 자제형	B
	乙⬅庚	정관	법에 의한 관리	영리 자제형	B

4. 욕망 검색

① 롬멜(乙일에 亥월)

롬멜의 욕망에는 명예심(사주용어 : 인수)이 들어가 있습니다.

② 패튼(庚일에 亥월)

패튼의 욕망에는 자기 표현, 인기 영합(사주용어 : 식신)이 들어가 있습니다.

③ 종합 판단

욕망에서는 인기보다 명예를 존중하는 롬멜이 더 군인답다고 하겠습니다.

5. 총체 종합 판단

본능·개성·소질·욕망을 종합해 보면, 롬멜이 전략·전술 면에서의 신중성과 편법 사용 등에서 우월합니다. 또 명예를 존중하는 것이 더 군인답다고 하겠습니다.

최종 판단

구분	롬멜	패튼
본능	O	
개성	O	
소질	O	
욕망	O	

롬멜, 그는 전문적 군인으로서 실력과 명예를 아울러 갖춘 천재였습니다. 그는 적으로부터도 '진정한 군인'이라는 찬사와 존경을 한몸에 받았고, 특히 의심 많은 히틀러에게도 절대적 신임을 받았습니다. 그는 전쟁이 일어나는 곳은 언제나 참가하기를 원했고, 그것도 최전방의 최선두에 서기를 염원 기도한 사람입니다.

그는 제1차세계 대전에 소위로 참전하여 수많은 전공을 세웠고, 그 실전 경험을 기초로 하여 저술한 『롬멜 보병전술』이라는 책은 독일뿐 아니라 적국에서도 교제로 쓰던 책입니다.

특히 '사막의 여우'라는 별명으로 불리며 각종 기발한 전술, 기묘한 술책으로 북아프리카의 연합군을 공포의 도가니로 몰아넣은 것은 세계 전사상 최대의 빅 이벤트로 칠 정도입니다.

국가 원수로 승진하는 대단한 전공을 올렸으나 너무나 국민적 영웅으로 추앙받게 되자, 히틀러의 시기 질투가 도져서 히틀러 암살을 뒤에서 조정하였다는 누명을 쓰고 자살케 하였습니다.

그러나 그의 장례식은 온 독일 국민이 참여하는 성대한 국장으로 치러져 명예를 지키게 해주었습니다.

'군인 이외에는 할 직업이 없다.' 그의 인생은 군인 그 자체였습니다.

그는 너무 '군인 그 자체'였기 때문에 엄정한 군기, 용맹한 군인만을 부르짖었고, 이것이 사회의 민주적 분위기에 충돌을 일으켜 종종 불리한 입장에 놓이곤 했습니다. 그러나 그는 나약한 군인, 비열한 군인, 도망병, 전쟁 회피자 등을 절대 용서하지 않는 철두철미한 군인이었으므로, 이 점에선 절대 타협이 없었죠.

그의 출세는 이러한 '투철한 군인 정신'에 기인하였으나 그의 퇴출도 바로 '이 너무나 투철한 군인 일변도의 정신' 때문이었다고 하니, 이것도 하나의 아이러니가 아닐까요.

과유불급(過猶不及)이라고, 너무나 지나치면 오히려 미치지 못함만 못하다고 한 말이 이에 해당합니다.

그러나 롬멜의 전문 전술을 향한 집념, 패튼의 투철한 군인 정신은 우리에게 귀감이 되고 있습니다.

패튼

대한민국의 최고 부자는 누구?

부자, 한 세상에 태어나서 원없이 돈도 벌어 보고, 아니 그보다도 더 원없이 돈을 써 본다는 부자! 자본주의 시장경제사회에서는 어떠한 것이든 모두 돈으로 가치를 매길 수 있다는 뜻에서 돈을 신(神)으로 표시하기도 합니다. 인간이 만물의 척도가 아니라 돈이 만물의 척도라는 말이 더 잘 맞는 것이 요즘의 세상입니다. 그러나 정말 큰 부자는 백성이 힘들 때 많은 도움을 주고, 나라의 경제를 제대로 키워야 하는 것이 아닐까요? 경제 전망도 불투명한 이때, 옛날을 생각하면서 과거 우리나라를 주름잡던 거대한 두 인물을 비교해 볼까 합니다.

옛날부터 부자는 하늘이 낸다고 했습니다. 명리학을 하는 사람들은 하늘이 낸다는 말을 사주팔자의 명(命)과 운(運)이 좋아야 한다는 말로 풀이합니다. 그러면 우리나라에서 하늘이 낸 부자는 누구일까요?

1950, 60년대에는 단연 이병철 회장이었죠. 그때는 이 회장이 곧

부자의 대명사였으니, 부자 이 회장은 부러움 반 시샘 반의 표적이 되곤 하였고, 부자가 되려면 이 회장만큼은 벌어야 한다는 목표치가 되기도 하였습니다. 그러던 1960년대 말, 경부고속도로가 본격적으로 건설되면서 현대건설의 깃발이 나부끼더니, 난공사마다 진두에 서서 지휘하던 정주영 회장의 이름이 세간에 오르내리기 시작하였습니다. 결국 세계적인 건설 붐에 힘입어 굴지의 대 그룹을 형성, 왕회장으로 군림하면서 부자 대열을 선도하게 된 것입니다.

대한민국 중흥에 산업·경제 면에서 크게 일조를 한 그룹으로는 역시 삼성과 현대가 있다고 생각하면서, 이 두 그룹을 굴지의 기업으로 키운 두 분 회장을 소개하겠습니다.

이병철

李秉喆, 1910-1987

기업가. 경상남도 의령 출생. 호는 호암(湖巖). 어려서 한학을 공부하였고, 1930년 일본 와세다대학 정경과에 입학했으나 신병으로 학업을 중단하고 귀향하여 사업에 투신하였다. 36년 마산에서 협동정미소를 창업, 운수업에도 진출하였으며, 38년 대구에 삼성상회를 설립하는 한편, 39년에는 조선양조를 인수하였다. 광복 후 삼성물산공사를 설립하여 동남아시아에 오징어·한천 등을 수출하고, 면사 등을 수입하였다. 6.25 전쟁중이던 51년, 부산에 삼성물산을 설립한 뒤 53년 제일제당, 54년 제일모직 등을 설립하면서 본격적인 그룹 규모의 사업을 펼치기 시작하였다.

일찍이 한일은행·상업은행·조흥은행 등과 한국화재·동방생명 등을 인수하였고, 66년 대한암협회 회장으로 있으면서 고려병원을 설립하였다. 또한 63년 동양TV방송 및 라디오

서울방송을, 65년에는 중앙일보사를 설립하였다. 삼성장학회 설립, 대구대학 및 성균관대학교 이사장을 지냈다. 63년에는 동양백화점을 인수, 신세계백화점으로 새로운 출발을 하였고, 삼성전자·삼성전기 등을 통해 한국 첨단 전자통신 및 반도체 기술 발전에 큰 영향을 끼쳤으며, 삼성종합건설주식회사를 설립하는 등 삼성그룹을 세계적인 기업으로 성장시켰다.

인재 제일주의와 합리적인 경영 추구에 의한 조직 시스템으로 경영에 괄목할 만한 성과를 얻은 대표적인 기업인이었다.

정주영

鄭周永, 1915-2001

기업가. 강원도 통천 출생. 호는 아산(峨山). 18세 때 부친이 소를 판 대금 70원을 갖고 서울로 올라와, 어렵게 생활하며 열심히 일하여 1937년 미곡상인 경일상회로 사업을 시작했다. 1940년 자동차 서비스업체인 아도서비스공장을 설립, 46년 현대자동차 사장, 50년 현대건설 사장과 현대상운 사장, 60년대 말 경부고속도로 건설에 참여하여 현대건설을 재벌기업으로 키웠다. 이후 다른 재벌과는 달리 소비재산업을 거치지 않고 중화학공업에 뛰어들어 현대양행과 현대자동차를 설립하였다. 70년대 중반에는 현대조선 설립과 중동건설 경기 호조로 현대를 재계 정상에 올려놓았다. 71~87년 현대그룹 회장, 77~83년 울산공업대학 이사장.

80년대부터 자동차산업·전자산업 등에 적극적 투자 활동을 펴는 한편, 82~84년 대한체육회장 겸 대한올림픽위원회 위원장으로서 88올림픽 서울 유치에 큰 공을 세웠다. 재벌그룹 경영자로서 강한 지도력과 추진력에 의한 경영 방식을 보여 주었다. 정치에도 참여하여 92년 통일국민당을 창당, 제14대 대통령 후보로 출마하였다.

가 낙선 후 정치 활동을 중단하였다. 미포 백사장 사진만 들고 외국 선주를 설득해 선박을 수주하고, 서산 간척지 물막이에 유조선을 이용하는 등 수많은 희귀한 일화를 남긴 입지전적 인물이었다. 실향민이었던 그는 남북 교류에 강한 의욕을 보여, 98년 소 1001마리를 이끌고 분단 이후 민간인으로서는 처음 판문점을 통해 북한을 방문, 남북 교류와 화해 협력에 크게 이바지하였다.

아무리 힘든 사태에도 거침없이 도전하고 불도저식으로 이를 제압하는, 강한 지도력과 추진력의 대명사로 불리는 거대한 기업인이었다.

자, 이제 그러면 이 두 사람을 운명요소(사주명리학)로 차근차근 비교해 보도록 하겠습니다.

① 이병철

생년월일 1910년 1월 3일 술시

운명요소 경술년 무인월 무신일 임술시(庚戌年 戊寅月 戊申日 壬戌時)

② 정주영

생년월일 1915년 12월 19일 축시

운명요소 을묘년 정해월 경신일 정축시(乙卯年 丁亥月 庚申日 丁丑時)

1. 본능 검색

① 이병철(戌←寅←申←戌)

이 회장은 개띠와 범띠, 원숭이띠로 본능이 이루어져 있습니다. 맨 밑바닥에는 개띠, 그 위에 원숭이띠, 그 위에 범띠, 맨 위에 개띠가 있는 것입니다.

먼저 속에 있는 개띠부터 설명합니다. 개띠는 대원군 편에서 이미 설명했지만, 집에서 기르는 개처럼 귀염성 있는 동물이 아니라 사냥개의 성질을 갖고 있는 개띠입니다. 강렬한 책임감과 사냥할 때 먹이를 탐색 추적하는 막중한 의무를 갖고 있는데, 이런 일은 자기만이 할 수 있다는 과중한 사명감 때문에 늘 과로하죠.

그 위의 원숭이띠는 명성황후 편에서 이미 설명했지만, 영감과 관찰력이 매우 뛰어나면서 생각도 세밀하여 지식 흡수력과 기획 능력이 탁월한 동물입니다. 또한 안전과 이득을 위해서 꾸준한 계책을 준비하는 것이 습관화되어 있습니다.

그 위의 범띠는 원숭이띠와 사투를 벌이는 관계로서(사주용어 : 충沖), 유사시에 독한 마음으로 무장하는 본능이 되겠습니다. 범띠는 비호 같은 날렵함과 놀라운 관찰력의 성질을 갖습니다. 즉 호시탐탐이라고 하여, 먹이를 잡아 먹으려고 기회를 기다리며 깊은 계략을 숨기고 있다가, 확실한 때에 한 번에 먹이를 제압하고 현장을 장악하는 공격적 본능입니다.

② 정주영(卯←亥←申←丑)

정 회장은 토끼띠와 돼지띠, 원숭이띠와 소띠로 본능이 이루어져 있습니다. 맨 밑에 소띠, 그 위에 원숭이띠, 그 위에 돼지띠, 맨 위에 토끼띠가 있는 것입니다. 결국 사람들이 보기에는 맨 위의 토끼띠가 보이지만, 맨 속에는 소띠가 숨겨져 있다는 말입니다.

먼저 속에 있는 소띠부터 설명합니다.

소띠는 대원군 편에서 설명했지만, 자기 방식을 절대로 바꾸지 않는 극히 보수적이고도 완고한 면이 있습니다. '우보전술'이라고 해서, 자기 전술만을 고집하며 차근차근 일한다는 것입니다. 또 소는 되새김질을 하는 동물이어서 같은 것을 씹고 또 씹듯이 참고 참다가 한번에 욱 하고 터지는 성질도 있다고 합니다.

그 다음 원숭이띠는 앞의 이 회장 항에서 설명하였으므로 참조하시고, 그 다음은 돼지띠를 봅시다. 돼지띠는 명성황후 편에서 설명했지만, 집에서 기르는 뚱뚱하고 지저분한 돼지가 아니라 야생으로 자라난 멧돼지를 말합니다.

우선 그 저돌적인 돌진이 특징인데, 앞에 바위가 있든 곰이 있든 우선 머리로 받아 버리는 용맹성이 있습니다. 그리고 한번 한다 하면 기어코 하고야마는 신념이 있어서 아무도 못 말립니다. 은근히 강직하고도 성실하며, 의지도 강합니다.

맨 위에 있는 토끼띠도 대원군 편에서 설명했지만, 토끼는 그냥 귀엽고 평화스런 토끼가 아니라 '교토'라고 하여 머리에 각종 아이디어와 꾀가 들어 있는 토끼입니다. 또 토끼는 귀를 쫑긋거리면서 기회를 잘 보고, 생각이 굉장히 세밀한 데가 있는 동물입니다.

본능 종합 판단

이 회장은 책임감(개띠)과 현장 장악력(범띠)으로 승부하는 반면, 정 회장은 저돌적·불도저식의 강한 추진력(돼지띠)과 각종 기발한 방법(토끼띠)의 사용 능으로 승부사적 기질이 농후하다고 하겠습니다.

결국 단기전에서는 정 회장이, 장기전에는 이 회장이 각각 우세하다고 판단됩니다.

본능표

라이벌	동물이름	사주용어	겉에 보이는 것(방어용)	속에 숨긴 것(공격용)
이병철	범	인(寅)	자존심, 대담, 기지, 인내력	관찰력, 심사 원력, 호시탐탐
	원숭이	신(申)	쾌활, 명랑, 친절	영리, 관찰력, 창의, 이해 흡수력
	개	술(戌)	정직, 성실, 온순	책임감, 승부욕, 직관, 경계심, 자기 중심
정주영	토끼	묘(卯)	낙천적, 명랑, 침착	기회주의, 꾀, 심사 세밀
	돼지	해(亥)	맹렬, 고집, 돌진, 솔직, 의지력	신경 예민, 사명감, 용맹, 상상력
	원숭이	신(申)	쾌활, 명랑, 친절	영리, 관찰력, 창의, 이해 흡수력
	소	축(丑)	친절, 온정, 정리	불굴, 보수, 완고

2. 개성 검색

① 이병철(庚 ←戊 · 戊 →壬)

이 회장은 경(庚)과 무(戊)와 임(壬)의 개성으로 이루어져 있습니다.

맨 밑바닥에 무가 있고, 양쪽으로 갈라져 맨 위에 경과 임이 있는 것이죠.

이제 이 세 개의 개성을 설명하겠습니다.

먼저 무는 철저한 현실적 관리 능력을 말하는데, 우선 기초를 탄탄히 다진 후 시간을 효율적으로 사용하면서 일을 착착 진행시킵니다. 또한 사람을 한번 믿으면 끝까지 믿고 밀어 주는 성질을 가지고 있습니다. 자기 일은 끝내 관철시키고야 마는 의지가 있는 반면, 자기 방식을 너무 고집하고 자기 중심으로 일을 하여 융통성이 결여되었다는 말을 들을 때가 많습니다.

그 위의 임은 낙관적이고 영감이 있으며, 지혜롭고 총명한 개성을 나타내고 있습니다. 다른 쪽 곁에 나타난 경은 의협심과 정의감, 능변, 과단력 그리고 큰 것을 덥썩덥썩 집어 주고, 잔 것은 밑에 넘겨주는 성질이죠.

② 정주영(乙→丁→庚←丁)

정 회장은 을(乙)과 정(丁)과 경(庚)과 다시 정(丁)으로 개성이 이루어져 있습니다.

맨 밑에는 을이, 그 위에 정이, 맨 위에는 경이 있는 것입니다.

자, 그러면 을은 어떤 개성일까요?

을은 표현 능력이 풍부하고 현실 감각이 뛰어나며, 독점욕과 타산적 성격이 매우 강합니다. 은근히 조심성이 많은 성질도 있습니다.

그 위의 정은 개혁 성향이 강하여, 새로운 것을 만들려고 하는 강한 집념이 있습니다. 또 주도 면밀성이 있어서 일을 수행하는 데 큰 도움이 됩니다.

맨 위의 경은 이 회장과 마찬가지로 의협심·정의감·능변·과단력과 큰 것을 덥썩 집어 주고, 잔 것은 밑에 넘겨주는 성격입니다.

개성 종합 판단

이 회장은 현실적 조직 능력(戊)이 탁월하여 미리 마련된 청사진대로 실행하며, 이 조직력을 발판으로 삼아 '삼성'이라는 거대한 구축물을 차근차근 조립해 갔습니다. 반면에 정 회장은 강한 개인적 독점욕(乙)으로 동기 부여되어 새로운 것, 미지의 세계에 모험적으로 도전(丁)하여 '현대'라는 거대한 함대를 거느리게 된 것입니다.

결국 잘 짜여진 청사진대로 레고 맞추듯 치밀하게 차근차근 조립된 이 회장의 삼성과 새로운 미지의 산업에 외국의 거대한 사업과 맞부딪치며 강한 드라이브를 거는 정 회장의 현대는 이 점이 크게 대비된다고 하겠습니다.

개성표

라이벌	사주용어	태도(겉모습)	능력(속모습)
이병철	경(庚)	민감, 의협심, 큰것 뭉텅뭉텅	능변, 이해력, 과단력
	무(戊)	낙천적, 자기 중심, 자존심, 명예	합리적 관리 능력
	임(壬)	낙관, 총명, 지혜	임기응변, 힘, 영감
정주영	을(乙)	유순	계산 면밀, 점유욕, 표현 능력
	정(丁)	예의, 열정, 자기 희생	주도면밀, 개혁 성향
	경(庚)	민감, 의협심, 큰것 뭉텅뭉텅	능변, 이해력, 과단력

3. 소질 검색

① 이병철(庚←戊 · 戊➡壬)

이 회장의 인생 목적은 창의 · 창조(고객 창조 포함), 제조(사주용어 : 식신)와 대사업, 현장 정보 수집, 영업 활동(사주용어 : 편재)입니다.

이 소질들은 제조업이나 시장 유통업에도 가장 필요한 것이죠.

여기서의 창조 능력(식신, 戊➡庚)은 대기만성을 각오한 끈질긴 노력이 뒷받침되는 것으로서, 한마디로 장기간에 걸친 생산적 사업에 알맞은 것입니다. 유통이나 정보 수집력에서의 소질(편재, 戊➡壬)은 상대방을 존중하면서 대등한 태도로 사업을 하기 때문에, 그 사업이 오래 장기적으로 유지될 수 있었습니다.

② 정주영(乙➡丁➡庚←丁)

성 회장의 소질은 탄탄한 재무 능력과 성실 근면함, 꼼꼼함, 철두철미한 손익 관념(사주용어 : 정재, 庚➡乙)에 힘입어서 법에 꼭 맞는 철저한 관리 능력(사주용어 : 정관, 庚←丁)을 발휘하는 것입니다. 큰 사업에 과감히 뛰어드는 것도 바로 그 철저한 손익 관념에 기인한 것이고, 그것을 제대로 궤도에 올려놓는 것도 사람의 능력을 200% 이용할 줄 아는 관리 능력에 기인한 것이라 하겠습니다.

▌소질 종합 판단

역시 두 사람은 완전히 서로 다른 스타일의 사업가가 틀림없습니다. 이 회장이 제조 · 생산에 힘입은 사업이라면, 정 회장은 건설이나 자동차, 조선, 기타 중공업 방향의 사업에 적격이라고 하겠습니다.

소질표

라이벌	형태	사주용어	특징	소질형(급수)
이병철	무(戊)➝경(庚)	식신	생산, 제조, 고객 창조	대기만성 노력형(B)
	무(戊)➝임(壬)	편재	정보 활용, 사업, 영업	대등 간섭형(B)
정주영	경(庚)➝을(乙)	정재	손익 관념, 재무 능력	지도 간섭형(C)
	경(庚)←정(丁)	정관	관리 능력, 리더	영리 자제형(B)

4. 욕망 검색

① 이병철(戊일에 寅월)

이 회장은 모든 인간을 힘으로 관리하는 보스가 되려는 욕망이 강하고, 또한 명예욕이 강한 성품입니다.

② 정주영(庚일에 亥월)

정 회장의 욕망은 개혁, 창조, 인기 영합에 큰 비중을 두고 있습니다.

| 욕망 종합 판단

이 회장의 보스 욕망이 정 회장의 개인 창조 욕망보다 약간 더 대기업에 맞지 않나 생각합니다.

5. 총체 종합 판단

구분	이병철	정주영
본능	장기전 유리	단기전 유리
개성	안정적 현실 관리	모험적 드라이브
소질	생산, 영업 유통	건설, 중공업
욕망	대기업적	개인 카리스마적

사실 이 걸출한 두 사업가에게는 성공이라는 말은 어울려도, 실패라는 말은 어색하게 들릴 정도로 대단한 인물들입니다. 사업이라는 한 우물을 넓고도 깊게 파고, 또 그 세속적인 부(富)를 후대에 대물림까지 하면서 우리나라의 경제 방향과 발전에 막대한 영향을 미쳤으니 말입니다. 앞으로의 경제 전망도 이들 재벌 그룹들의 기술 수준과 발전 속도에 따라 크게 달라진다고 하겠습니다. 그들의 책무가 너무나 무겁다는 것을 느끼고, 앞으로의 정진과 발전을 기대해 봅니다.

대물림에 대해서 한 가지 에피소드가 생각나서 말씀드리고 지나가겠습니다.

미국의 최대 부호였던 록펠러는 2세에 대한 교육에 정말로 무섭도록 철두철미하였다고 합니다. 이야기인즉, 재벌 2세들이 학교 앞까지 고급 승용차를 타고 통학하는데 비하여, 록펠러는 아들들을 멀리

3~4km 떨어진 곳에서 내려 주고 거기서 학교까지 걸어가게 했답니다. 학교까지 거리가 너무 가까우니 멀리서부터 다른 학생들과 어울리며 충분히 걸으라는 것이죠. 절대 특별 취급 받지 않도록 배려하고, 남과 똑같이, 아니 더 어려운 환경을 조성하여 거기에 적응하며 살도록 한 것입니다. 그래야 고생이 뭔지, 고통이 뭔지, 또 더불어 사는 인생이 뭔지를 알게 되지 않을까요?

또 하나, 아들들에게 용돈을 주는데, 달라는 대로 주었답니다. 단, 조건이 있었죠.

어디에, 왜 필요한지를 사전에 철저히 계획 세우게 하여, 그것을 검토한 후 주었답니다. 그리고 다 쓴 다음에 제대로 썼는지 꼼꼼하게 정산 심사합니다. 잘 썼으면 보너스를 주고, 잘못 썼으면 모두 토해 내게 합니다. 또한, 용돈을 잘 쓰지 않는 사람에게는 계속 얼마씩을 삭감해 나갑니다. 예산, 결산, 정산제를 철저히 시행한 것이죠.

우리 재벌도 이런 교육을 받습니까? 혹시 남들과 다르게, 우월감이 생기도록 명품으로 휘감고 다니며, 돈 아까운 줄 모르고 낭비벽 생기도록 막 키우지는 않겠지요?

이렇게 배운 인생은 돈 떨어지면 몰락입니다. 몰락하면 재기는 불능이고, 잘못하면 영원한 인생 탈락자로 정신적 피폐아로 살게 됩니다. 같이 더불어 사는 방법도 모르고, 돈이 뭔지도 모르기 때문이지요.

:: 이멜다 VS 박마리아

부권을 앞지른 여권

예로부터 동·서양을 막론하고, 부권을 앞지르는 여권에 대해서는 세상이 그리 좋은 시선을 보내지는 않는 듯합니다. 즉 여자가 한 집 안에서 너무 잘나고 또 더 잘 되면 남편이 기가 죽어서 사업도 제대로 안 된다나요? 그런 속설이 있다는 것이죠.

특히 옛날에는 남녀간에 하는 일이 엄격하게 구분되어 있어서 '집 안일은 여자, 바깥일은 남자' 하는 식으로 일을 분담해 놓았지 않았습 니까? 그러니까 자연히 여자가 바깥일에 참견하거나 남자가 집안일 에 참견하면, 기존의 질서가 흐트러져 잘 될 일도 오히려 안 된다는 속설이 생긴 것입니다.

요사이는 이런 구분이 없어져서 집안일도 같이 하고 바깥일도 서 로 의논하면서 재미있게 사는데, 그래도 아직 구습의 잔재가 완전히 없어진 것은 아니라고 봅니다.

이제 소개할 두 사람은 재능이 출중하여 남편을 제치고 또는 남편의 권력을 등에 업고서 모든 행동이나 의사 결정에 너무 나섬으로써 남편들을 곤경에 빠뜨렸습니다. 하필 그 남편들이 국가의 최고 경영을 맡았던 사람들이라 그 피해가 고스란히 국민들에게 오게 되고, 그들이나 국민이나 결국 큰 불행을 맞게 된 것입니다.

과다한 부(富)를 유지하기 위해 끝없는 탐욕을 부린 이멜다 여사와 한없는 권력을 끝까지 탐한 박마리아 여사를 비교해 보려고 합니다. 그리하여 역시 부와 권력 앞에서는 평상심이나 분별심이 얼마나 유지되기 힘든 것인지, 그리고 또 부정한 부와 권력이 얼마나 허망하고도 무상한 것인지를 새삼 되새겨 봅니다.

이멜다
Imelda Romualdez Marcos

필리핀의 전 대통령 마르코스의 부인. 1929년 레이테 섬 크로반에서 태어나 그곳의 미인 콘테스트에서 우승하여 '타크로반의 장미'라고 불렸다. 이후 필리핀의 수도 마닐라로 온 뒤 미스 마닐라 콘테스트에서 우승을 차지하면서 역사상 가장 아름다운 퍼스트레이디라는 칭송을 받았다.

그러나 1986년 '피플파워(people power)'로 권좌에서 물러난 마르코스와 함께 하와이로 망명하였고, 1993년 부패 혐의로 기소되었다가 1998년 대법원에서 무죄 방면되었다.

이멜다가 전 세계적으로 유명해진 것은, 그녀가 서둘러 쫓겨 가면서 남겨논 그녀의 치장용품들 때문이었다. 말라카냥 궁의 지하 사방 21m의 큰 방은 최고급 브랜드의 구두 2천2백 켤레, 수백 벌의 의상과 최고가품 파티용 장갑 68켤레, 가운 2천 벌, 가발 30개,

수백 개의 보석상자 등 헤아릴 수 없는 사치품들로 가득 차 있었다.

미국에서는 극단적으로 온갖 사치를 다한다는 뜻의 말로 '이멜다픽(imeldafic)'이라는 말까지 생겨났을 정도였다.

박마리아 朴瑪利亞

교육가, 사회운동가. 본관은 밀양. 강릉 출신. 1923년 호수돈여자고등보통학교를 거쳐 1928년 이화여자전문학교 영문과를 나와 호수돈여자고등보통학교 교사로 재직하였다. 이화여자전문학교 시절 공창의 폐지와 금주·금연 등의 사회 운동에 적극 참여하였다. 그 뒤 미국으로 건너가서 32년 피바디 사범대학교에서 문학석사학위를 받고 귀국하여 이화여자전문학교에서 수신(윤리학)과 영어를 가르쳤다.

35년 이기붕과 결혼한 후 기독교여자청년회(YWCA) 총무로 일했다. 54년 이화여자대학교 영문학과 과장, 문리대학 학장, 부총장, 대한부인회 대표 등을 지냈다. 60년 3.15 부정 선거로 4.19가 발발하면서 이승만 정권이 붕괴하자, 4월 28일 가족 전원이 아들 이강석에 의해 집단 자살하였다(피살설도 있음).

비극의 단초는 당시 이승만 대통령의 부인 프란체스카 여사와의 돈독한 관계에서부터 싹트기 시작하였다. 한국어를 전혀 모르는 영부인에게 한국어 선생 노릇과 개인 비서를 하면서 권력을 향한 무한 질주가 시작되었으며, 사람들이 그들이 살던 서대문집을 서대문 경무대로 부를 정도로 막강한 권력을 행사하였다.

남편 이기붕 국회의장을 이승만 대통령의 후계자로 굳히기 위해 자유당 정권의 무분별한 권력을 이용하여 대대적인 부정 선거를 자행하였으나, 4.19 국민혁명으로 모든 권좌에서 물러났음은 물론, 비참한 최후까지 맞은 것이다.

자, 이제 두 사람을 운명요소(사주명리학)로 차근차근 비교해 보도록 하겠습니다.

① 이멜다
생년월일 1929년 7월 2일 미시
운명요소 기사년 경오월 무신일 기미시(己巳年 庚午月 戊申日 己未時)

② 박마리아
생년월일 1906년 3월 26일 미시
운명요소 병오년 임진월 계사일 기미시(丙午年 壬辰月 癸巳日 己未時)

1. 본능검색

① 이멜다(巳 · 午➡申⬅未)

이멜다의 본능은 뱀띠와 말띠, 원숭이띠와 양띠로 이루어져 있습니다. 맨 밑바닥에 뱀띠와 말띠, 다른 쪽에 양띠, 그리고 맨 위에 원숭이띠가 있습니다. 결국 사람들이 보기에는 원숭이띠가 보이지만, 속으로 파고들면 뱀띠 · 말띠 · 양띠의 본능이 숨겨져 있다는 말입니다.

먼저 뱀띠는 여기서 독사로 나타나는데, 롬멜 편에서 설명했듯이 조금씩 먹이에 다가가는 조심성과 앞을 의심하여 조사하고 먹이를 조준하면 단 한 번의 공격으로 무참하게 먹어치우는 무서운 본능이 있습니다. 말띠는 백말을 말하는데, 명성황후에서 설명했듯이 낙관적이면서 명랑 쾌활하고, 화려한 것을 좋아하여 잘못하면 허영으로까지 치닫는 본능입니다.

감수성이 예민하고, 요설로써 말을 잘하고, 좋고 나쁜 것이 확연하여 싫은 것은 꼴도 보기 싫어하고 희노애락의 표시가 얼굴에 금방 나타납니다.

양띠는 인정미가 있는 반면, 빈틈이 없고 집요한 노력파입니다.

맨 위의 원숭이띠는 영감과 관찰력, 세밀한 사고, 지식 흡수력과 기획 능력이 탁월합니다. 또 안전과 이득을 위해서 꾸준한 계책을 준비하는 습관이 있습니다.

② 박마리아(午←辰←巳→未)

박마리아의 본능은 말띠와 용띠, 뱀띠와 양띠로 이루어져 있습니다. 맨 밑에 뱀띠, 그 위에 용띠, 그 위에 말띠, 그리고 다른 쪽 맨 위에 양띠로 되어 있습니다. 결국 사람들이 보기에는 말띠와 양띠가 보이지만, 그 속에는 용띠, 또 더 속에는 뱀띠가 숨겨져 있다는 말입니다.

말띠와 뱀띠와 양띠는 이미 이멜다 편에서 설명하였지만, 이멜다는 말띠가 속에 숨겨져 있는 반면, 박마리아는 맨 위에 나타나서 백말의 화려한 성질을 더 많이 표현한다고 보면 됩니다.

그 다음 용띠는 시원시원하고 통이 크며, 막힌 데가 없고, 두뇌 감각이 탁월한 영물입니다. 이상향을 꿈꾸며, 그것을 적극적으로 실행하는 강한 추진력이 있는 동물입니다.

이멜다가 개인 위주의 계략(원숭이띠)을 꾸미는 데 비해, 박마리아는 좀더 그릇이 큰(용띠) 정치적 본능이 있다고 하겠습니다. 나머지 백말띠의 화려함, 뱀띠의 조준 사격, 양띠의 집요함은 서로 공통적으로 갖고 있어서 의외로 비슷한 본능의 소유자라고 하겠습니다.

본능표

라이벌	동물이름	사주용어	겉에 보이는 것(방어용)	속에 숨긴 것(공격용)
이멜다	뱀	사(巳)	온화, 교제, 상대방 이해	임기응변, 감수성, 의심, 조준 사격
	말	오(午)	정직, 자유분방, 교제, 허영, 쾌활	두뇌 회전, 기지, 요설, 감수성
	원숭이	신(申)	쾌활, 명랑, 친절	영리, 관찰력, 창의, 이해 흡수력
	양	미(未)	보수, 온화, 완고 친절, 인정미	분석력, 빈틈 없음, 노력파, 집요함
박마리아	말	오(午)	이멜다 참조	이멜다 참조
	용	진(辰)	시원시원, 적극적	감각적, 두뇌 총명, 실행력
	뱀	사(巳)	이멜다 참조	이멜다 참조
	양	미(未)	이멜다 참조	이멜다 참조

2. 개성 검색

① 이멜다(己→庚←戊→己)

이멜다의 개성 맨 밑바닥에는 무와 기가, 그 위에 경이 있는 구조입니다.

무는 기초를 단단하게 다진 후 시간을 충분히 활용하면서 착착 일을 진행시키는, 뛰어난 관리 기능(주로 재산)이 있습니다. 반면, 자기 멋대로 자기 방식만을 고집하며 자기 중심적인 일 수행 태도가 결점이라 하겠습니다. 그 다음 기는 이해 흡수력이 뛰어나고, 재주가 많으며, 자기 자신에게 매우 충실하다 하겠습니다.

맨 위의 경은 민감성, 큰 것을 덥썩 집어 주는 과단성, 능변 등의 개성입니다.

② 박마리아(丙←壬←癸←己)

박마리아의 개성 맨 밑바닥에는 기가, 그 위에 계가, 그 위에 임이, 그리고 맨 겉에는 병이 있는 구조입니다.

기는 이멜다 편에서 설명했고, 그 위에 있는 계는 예민한 신경과 결벽성, 그리고 공상 · 환상의 개성입니다. 감정이 세밀하고, 심사숙고하는 편입니다. 그 위의 임은 낙관, 총명, 지혜와 임기응변, 영감이 있는 개성입니다. 맨 위의 병은 성급하며, 이해력과 관찰력이 대단한 개성입니다.

▌ 개성 종합 판단

이멜다는 관리 기능(특히 재산)이 주체가 되어 이를 간수하기 위한 실리 위주의 개성인 반면, 박마리아는 허황된 꿈(계) · 영감 · 이해 관찰력 등 주로 정치적 꿈과 욕심이 많은 개성이라고 하겠습니다.

개성표

라이벌	사주용어	태도(겉모습)	능력(속모습)
이멜다	기(己)	소극적, 선량, 내심 복잡	이해력, 다재다예, 응변력
	경(庚)	민감, 의협심, 큰것 뭉텅뭉텅	능변, 이해력, 과단력
	무(戊)	낙천적, 자기 중심, 자존심, 명예	합리적 관리 능력
박마리아	병(丙)	성급, 친절, 관대	이해력, 관찰력
	임(壬)	낙관, 총명, 지혜	임기응변, 힘, 영감
	계(癸)	순진, 신경 예민, 결벽	감정 세밀, 심사숙고, 환상
	기(己)	이멜다 참조	이멜다 참조

3. 소질 검색

① 이멜다(己➡庚⬅戊➡己)

이멜다는 인생의 목적이 인기 영합, 명성(사주용어 : 식신, 무➡경)에 있습니다. 즉 창의 · 창조와 연예계통에 소질이 있다 하겠습니다.

② 박마리아(丙⬅壬⬅癸⬅己)

박마리아는 깔끔하고 계산적이며(사주용어 : 정재, 계➡병), 자기가 법인 것처럼 당당하고(사주용어 : 정관, 병⬅계), 또한 보스 역할(계⬅기)을 하려는 소질과 목적이 있습니다.

▌소질 종합 판단

이멜다는 창의 · 창조 · 연예 쪽의 개인 위주 소질과 목표가 있는 반면, 박마리아는 편법 사용도 마다 않는 보스나 법에 의한 관리자 등 정치적으로 엄청난 소질의 소유자입니다.

소질표

라이벌	형 태	사주용어	특 징	소질형(급수)	
이멜다	戊 →庚	식신	창의, 창조, 연예	대기만성 노력형	B
박마리아	癸 ←己	편관	관리, 보스 역할	헌신 충의형	B
	癸 →丙	정재	근면, 꼼꼼 계산	착취 간섭형	B

4. 욕망 검색

① 이멜다(戊일에 午월)

이멜다의 욕망에는 정신적 명예욕이 매우 강합니다. 단, 똑똑하다는 날에 그저 깜박 남을 돕는 성질도 숨어 있습니다

② 박마리아(癸일에 辰월)

박마리아는 관리 능력, 사람을 실제로 지배하려는 욕망이 들어 있습니다. 그러나 높은 사람에게는 충성을 바치는 성질도 숨어 있습니다.

5. 배우자 관계 검색

① 이멜다(戊申일에 庚午월)

배우자를 임청 괴롭히는 사주입니다. 배우자가 무릎을 꿇어야

싸움이 끝나는 관계라고 할 수 있죠. 남편은 자칫하면 공처가가 됩니다.

② 박마리아(癸巳日에 壬辰月)
배우자가 아버지처럼 위해 주는 사주입니다. 즉 본인은 남편이 자기를 공주처럼 자상하게 위해 주어야 직성이 풀립니다.

박마리아

인물 소개에서 보았듯이 박마리아는 매우 아까운 구석이 있습니다.

그는 서양 교육을 제대로 받은 미국 박사로서, 촉망받는 학자 교수로서 사회로부터 후세 교육에 앞장서야 할 책무가 있는 사람입니다. 그만큼 학교 사회로부터 많은 도움을 받은 사람으로서, 그에 보답해야 하는 마땅한 책임이 있었던 것이죠.

그러나 역설적인 것은, 그의 잘못으로부터 우리가 인생 교훈을 얻는다는 것입니다. 수신(윤리학)을 가르치던 선생님이 권력의 맛을 알고 나서 부터 남의 인생과 국가를 망치게 만든 장본인이 되어 버린 것이죠. 참 아까운 일입니다.

이 대통령의 힘을 발판으로 하여 정치판을 깡패판으로 몰고 간 것입니다. 권력의 힘을 과신한 나머지, 기본적인 도덕 의식이나 백성의 올바른 뜻도 모두 망각해 버립니다. '정치를 물리적 힘(주먹의 힘, 깡패의 힘, 경찰 몽둥이의 힘)으로 깨부수는 처절한 게임으로 몰아감으로써 마침내는 그가 우민(바보 같은 백성)으로 생각한 힘없는 백성의 분노를 사게 되어 철저히 몰락해 버린 것입니다.

남편, 두 아들과 함께 자살로써 인생을 마감하고서도, 역사에는 역적의 대표적인 사람으로 취급받게 된 것입니다.

권력은 백성으로부터 나오고, 그 백성의 의사를 무시하면 여지없이 패망하고 만다는 간단한 진리를 가르쳐 준 장본인입니다. 또한, 백성을 바보로 취급하는 그 순간, 권력자도 몰락의 길로 들어섰다는 것을 아울러 기르쳐 주었습니다.

사치의 극치! 남편의 권력을 믿고 극한적 사치를 부린 이멜다도 결국 민의에 의한 실각 후에 망명 생활로 추락합니다. 그리고 국민들의 잊혀짐 속에, 역사에 아무런 흔적도 남기지 못하고 사라진 것이죠.

이멜다

여성 특유의 영감 실린 진보와 보수

Don't cry for me, Argentina! 이 노래를 아십니까? 뮤지컬과 영화로 큰 화제가 되었던 《에비타(Evita)》의 주제곡 중 하나죠.

에비타 페론, 가난한 사생아에서 세계 최고의 인기 영부인이 된 에바 두아르테 데 페론의 파란만장한 일대기를 극화한 것입니다.

고생고생 끝에 아르헨티나의 퍼스트 레이디가 된, 미모와 달변의 여걸. '거룩한 악녀이자 천박한 성녀'라는 별명을 얻으며 노동자 · 여성 · 빈민 등 힘없는 자에게는 자상한 어머니로, 힘있고 많이 가진 자에게는 표독스러운 악마로 불린 이 여성은, 진보적 정책과 포퓰리즘 구현의 천재였습니다.

한편 마가렛 대처 영국 총리는 '철의 여인'이라 불리며 유럽 최초의 여성 총리로 군림한, 입지전적인 골수 보수파입니다. 엄격한 도덕과 질서 확립이라는 신념으로 무장하고, 대중의 인기는 뒤로 한 채

침체된 영국 경제 회복을 최우선의 과제로 삼은 '대처리즘'의 창시자입니다. 더구나 아르헨티나와의 포클랜드 전쟁에서는 강철 같은 의지로 값진 승리를 이끌어낸 집념의 여걸입니다.

칼 구스타프 융이라는 위대한 심리학자는 말했습니다.

"남성은 이념과 사상 추구를 좋아하는 반면, 여성은 예감과 영감과 감성 그 자체이다"라고 말입니다.

우리나라에서도 지난 총선 때 여성 대표들이 엄청난 위력을 보였습니다만, 에바 페론과 마가렛 대처 수상은 바로 이 여성 특유의 감성과 예감과 영감의 정치로 역사에 길이 남는 크나큰 흔적을 남긴 것이 아닐까요!

(융 심리학은 매우 심오한 학문으로서 필자는 투파십간사주(透派十干四柱)와의 연계성을 접목 시도하고 있습니다. 융 심리학에서 말하는 '집단 무의식'은 '본능항'에, '개인 무의식'은 '인간 관계항'과 '욕망항'에, '의식' 부분은 '개성항'과 '소질항'에 연계시켜 연구하고 있는데, 추후 발표할 기회가 있을 것입니다.)

에바 페론
Eva Duarte de Peron

아르헨티나 로스톨도스 출생. 농장주 후안 두아르테와 농장 요리사와의 사생아 5명 중 넷째로 태어났다. 출생에 대한 열등감과 뼈저린 가난을 뒤로 한 채 15세에 가출.

오로지 미모를 무기 삼아 수도 부에노스아이레스로 상경하였으나, 삼류배우 지망생으로서 비참한 생활로 근근히 살아가면서 엄청난 고생을 하였다.

고생이 끝날 것 같지 않던 그녀에게 마침내 행운이 깃들기 시작하였다.

25세 때 나이가 두 배나 많은 육군대령 후안 페론을 만난 것이다. 이후 후안 페론이 힘들 때마다 그녀는 미모와 달변으로 페론의 추종 세력인 노동자들을 총동원하였고, 1946년 드디어 페론은 대통령에 당선되었다.

페론은 대외 자립, 공업 발전, 사회 정의 추구를 정책 목표로 하고 노동자 지위를 강화하는 데 헌신하였다. 그녀의 포퓰리즘 정책은 큰 인기를 얻었으나, 34세 때 불치의 암에 걸려 젊은 나이에 세상을 떠났다. 에바 페론의 장례식은 온 국민의 비탄어린 통곡 속에 장엄하게 치러져 많은 사람들의 가슴 속에 영원히 자리잡고 있다.

마가렛 대처
Margaret Thatcher

영국 정치가. 링컨셔 주의 그랜섬 출생. 명문 옥스퍼드 대학을 졸업한 뒤 법률을 공부하여 변호사 자격을 취득하였다. 59년 보수당 하원의원 당선, 61~64년 연금 · 국가 보험 정무차관, 70~74년 히스 보수당 내각의 교육 · 과학 담당 장관을 지냈다.

75년 보수당 당수가 되어 79년 총선에서 집권 노동당을 누르고 대승함으로써 유럽 최초의 여성 총리가 되었다. 취임한 뒤 인플레와 노사 분규로 침체된 영국 경제 회복을 위해 〈대처리즘〉으로, 개인의 철저한 자유와 책임, 시장 원리 및 경쟁주의, 엄격한 도덕과 질서의 강조 등으로 만성적인 노사 분규 척결, 긴축 재정, 사회 보장의 축소 등을 추진하였다. 또한 누진세 제도를 폐지하고 국영 기업을 민영화 하는 등, 경제 개혁을 단행하였다.

특히 82년 아르헨티나와의 포클랜드 전쟁을 승리로 이끌었으며, 미국과 긴밀한 외교 관계를 유지하였다. 그러나 90년 주민세 파동과 유럽 통합 문제를 둘러싼 내각 내의 불화로 11년 최장기 집권을 기록한 후 총리직을 사임하였다.

자, 그러면 이제 이 두 사람의 운명요소를 비교하겠습니다.

① 에바 페론
운명요소 계축년 계해월 계축일 갑인시(癸丑年 癸亥月 癸丑日 甲寅時)

② 마가렛 대처
운명요소 을축년 병술월 경오일 경진시(乙丑年 丙戌月 庚午日 庚辰時)

1. 본능 검색

① 에바 페론(丑➡亥⬅丑⬅寅)

에비타는 소띠와 돼지띠, 소띠와 범띠로 본능이 이루어졌습니다.

맨 밑에 범띠, 그 위에 소띠, 맨 위에 돼지띠가 있는 것입니다. 결국 사람들이 보기에는 맨 위의 돼지띠가 보이지만, 그 속에는 소띠와 범띠가 있는 것입니다.

먼저 속에 있는 범띠는 비호 같은 날렵함과 놀라운 관찰력을 보입니다. 즉 호시탐탐이라고 해서 먹이를 노리는 기회를 잘 보며, 깊은 계략을 숨기고 있다가 확실한 때에 한 번에 먹이감을 제압하고 현장을 장악하는 공격적 본능입니다.

그 위의 소띠는 자기 방식을 절대로 바꾸지 않는 완고한 면이 있습니다. 자기 전술만을 고집하며 차근차근 일한다는 것이죠. 또 되새김질을 하는 동물로서 같은 것을 씹고 또 씹듯이 참고 참다가 한번에 욱하고 터지는 성질도 있답니다.

맨 위의 돼지띠는 멧돼지처럼 저돌적으로 돌진하는데, 겁도 없이 앞에 바위가 있든 곰이 있든 우선 머리로 받아 버리는 용맹성이 있습니다. 그리고 한번 한다 하면 기어코 하고야 마는 신념이 있어서 아무도 못 말립니다. 은근히 강직하고 성실하며, 의지도 강합니다.

② 마가렛 대처(丑←戌→午←辰)

대처 수상은 소띠와 개띠, 말띠와 용띠로 본능이 이루어져 있습니다.

맨 밑에 개띠와 용띠, 그 위에 소띠와 말띠가 있는 것입니다.

결국 사람들이 보기에는 맨 위의 소띠와 말띠가 보이지만, 속에는 개띠와 용띠가 숨겨져 있다는 말입니다. 먼저 속에 있는 개띠는 사냥개의 성질로서 강렬한 책임감과 사냥할 때 먹이를 탐색 추적하는 막중한 의무를 갖고 있는데, 이런 일은 자기만이 할 수 있다는 과중한 사명감으로 늘 과로합니다.

용띠는 시원시원하고 막힌 데가 없으며, 도량이 크고, 두뇌 감각이 탁월합니다. 가슴 속에 이상향을 꿈꾸며, 이를 적극적으로 실행하는 강한 추진력이 있죠.

소띠는 앞의 에바 페론을 참조하십시오.

말띠는 낙관적이면서 화려한 것을 좋아하는데, 감수성이 예민하고, 말을 논리적으로 잘하고, 좋고 나쁜 것이 확연하여 싫은 것은 꼴도 보기 싫어합니다.

▌본능 종합 판단

에바 페론은 공격성(범띠)과 저돌적 불도저식 용맹성(돼지띠)으로 세상을 산 반면, 대처 수상은 방대한 꿈(용띠)과 사명감(개띠)으로 세상을 살았습니다. 결국 적을 때려 부수는 쪽은 페론이 강하고, 세상을 경륜하는 쪽은 대처 수상이 강하다고 하겠습니다.

본능표

라이벌	동물이름	사주용어	겉에 보이는 것(방어용)	속에 숨긴 것(공격용)
에비 페론	소	축(丑)	친절, 온정, 정리	불굴, 완고
	돼지	해(亥)	맹렬, 고집, 돌진, 솔직, 의지력	신경 예민, 정의감, 상상력
	범	인(寅)	자존심, 대담,	관찰력, 심모 원려, 호시탐탐
마가렛 대처	소	축(丑)	친절, 온정, 정리	불굴, 완고
	개	술(戌)	대원군 참조	대원군 참조
	말	오(午)	정직, 자유분방, 교제, 허영, 쾌활	두뇌 회전, 기지, 요설, 감수성
	용	진(辰)	시원시원, 적극적, 딱 부러진 행동	감각적, 두뇌 총명, 실행력

2. 개성 검색

① 에바 페론(癸 · 癸 · 癸➡甲)

에비타의 개성 밑바닥에는 계가, 맨 위에는 갑이 있는 구조입니다.

계는 예민한 신경과 결벽성, 그리고 공상 · 환상이 강한 개성이면서, 감정이 세밀하고, 심사 숙고하는 편입니다. 그 위의 갑은 돌파력과 사람을 선두에서 끌고 가는 힘이 굉장합니다. 정직과 추진력으로서 특징 지어지는데, 임기응변에 좀 약한 면이 있습니다.

② 마가렛 대처 (乙⬅丙➡庚 · 庚)

대처 총리의 개성 밑바닥에는 병이, 그 위에 을과 경이 있는 구조입니다.

병은 성급하며, 이해력과 관찰력이 대단히 뛰어난 개성입니다.

또 을은 표현 능력이 풍부하고, 현실 감각이 뛰어나며, 독점욕과 타산적 성격이 매우 강합니다. 은근히 조심성도 많은 성질입니다.

경은 의협심 · 정의감 · 능변 · 과단력과, 큰 것을 덥썩 집어 주고 잔 것은 밑에 넘겨주는 대범한 성격입니다.

▌개성 종합 판단

에비타는 공상 · 환상적 세계(계)를 꿈꾸며 그 이상향을 강인하게 끌고 가는 힘(갑)을 구비했습니다. 반면, 대처 총리는 현실 관찰력(병)과 독점욕, 타산적 개성(을)으로 큰일을 덥썩덥썩 해결해 나가는 개성(경)으로 세상을 살아가는 운명입니다. 결국 이상향 대 현실 세계의 대비가 되겠습니다.

개성표

라이벌	사주용어	태도(겉모습)	능력(속모습)
에비타	계(癸)	순진, 신경 예민, 결벽	감정 세밀, 심사숙고, 환상
	갑(甲)	정직, 도덕 중시	의지력, 강한 추진력
대처	을(乙)	유순	계산 면밀, 점유욕, 표현 능력
	병(丙)	성급, 친절, 관대	이해력, 관찰력
	경(庚)	민감, 의협심, 대충대충	능변, 이해력, 과단력

3. 소질 검색

① 에바 페론(癸➡甲)

에비디는 자기 표현, 예술적 기질(특출나지는 않음), 인기 영합에 소질이 있습니다.

이것이 아마 배우 지망생으로서의 인생을 살게 한 것이고, 드라마적 목소리로 국민의 심금을 울리며 포퓰리즘의 구현에 천재적 소질을 보였다고 하겠습니다.

② 마가렛 대처(乙⬅丙➡庚·庚)

대처 수상은 보스가 되는 것이 그의 소질에 딱 맞습니다(사주용어 : 편관, 庚⬅丙).

또한 탄탄한 재무 능력과 성실 근면함, 꼼꼼힘, 칠두철미한 손익 관념(사주용어 : 정재, 庚➡乙)이 있어서 경제 위기를 푸는 데 큰 역할을 합니다. 또 이를 달성하기 위한 법 집행 능력과 현저한 관리 능력도 있습니다(사주용어 : 정관, 乙⬅庚).

▍소질 종합 판단

에비타는 예술가적 소질(사주용어 : 상관)이 있었으며, 대처 수상은 보스 기질 (사주용어 : 편관)과 재무 능력(사주용어 : 정재)으로 경제계나 정치계에 큰 영향을 줄 수 있었습니다.

소질표

라이벌	형 태	사주용어	특 징	소질형(급수)	
에바 페론	癸➡甲	상관	창의 창조, 연예 재능	많은 노력형	C
마가렛 대처	庚⬅丙	편관	관리, 보스 역할	상사 압박형	B
	庚➡乙	정재	근면 성실, 꼼꼼한 챙김	지도간섭형	C

4. 욕망 검색

① 에바 페론(癸일에 亥월)

에비타의 욕망에는 모험심과 동업 욕심(같이 일하고 같이 나누어 갖는 욕망)이 들어 있습니다.

② 마가렛 대처(庚일에 戌월)

대처 수상은 명예욕이 아주 강합니다. 거의 명예욕을 독점하려 하므로 매우 고독합니다.

5. 총체 종합 판단

구분	에바 페론	마가렛 대처
본능	세상 공격형	현실 경륜형
개성	이상향 건설	현실 안정 우선
소질	연예계	경제, 정치계
욕망	모험, 동업	명예욕

여기서 말하고 싶은 것은 포퓰리즘에 관한 것입니다.

표퓰리즘이 무엇입니까? 글자 뜻대로 한다면 아마 일반 대중에 알맞는 정책을 내거는 주의라고나 할까요. 그러나 실은 페론 대통령이 아르헨티나에서 표방한 정치 슬로건입니다.

여기에는 신파조 연기에 능한 에비타 페론의 역할이 절대적이었다고 하겠습니다. 일반 백성이 경제적·정신적으로 힘들어할 때는 사실 어떤 그 누구의 도움도 큰 역할을 못합니다.

에바
페론

옛말에 '가난은 나랏님도 구제하지 못한다'라고 했듯이 경제는 경제 법칙대로 풀지 않는 한 아무 해결책이 없습니다.

페론과 에비타는 사회 계층간의 극심한 격차를 해소하기 위해 국가의 예산을 일시적·한시적으로 풀어서 노동자층에게 대대적인 물량 공세를 실시했습니다.

마가렛
대처

결국 이런 선심 정책, 인기 영합 정책은 기존의 산업 질서를 파괴시켜 버리고, 지나친 분배주의가 팽배해지면서 아무도 사업을 하려 하지 않는 당연한 풍조가 생긴 것입니다.

즉, 경제 논리가 전혀 먹혀들지 않는 이상한 사회로 환원되어, 생산은 없는데 분배만 요구되는 사회, 나중에는 분배할 것이 전혀 없는 사회로 환원된 것이죠. 결국 경제적으로는 저성장과 인플레, 사회적으로는 기회주의, 적당주의, 무책임, 눈앞의 이득과 선심이 횡행하는 사회로 된다는 것입니다.

즉, 경제는 경제 논리로 풀고, 사회 문제는 사회적 논리로 풀어야 한다는 것입니다.

경제는 성장을 먹고 사는 공룡입니다. 분배는 그 후에 사회적 합의로써 이루어지는 두 번째 단계인 것입니다.

나라를 구한 계략의 천재들

세계의 정치 사상 가장 큰 영향을 끼친 사람 중에 아마 마키아벨리 만한 사람은 없을 것입니다. 그는 『군주론』이라는 저서에서 "군주는 사자의 심장(용맹)과 여우의 두뇌(간교)를 갖고 있어야 한다"고 갈파했 습니다.

그의 이 말은 '마키아벨리즘'이라는 신조어를 만들어냈는데, 이것 은 목적을 위해서는 수단과 방법을 가리지 않아도 된다는 극단적인 비도덕적 행동 양식을 말합니다. 이후 유럽의 정치 세계에, 아니 인 간 처세에 매우 큰 영향력을 주게 되었고, 교황청 금서 목록에 포함 되기도 하였습니다.

한편 비스마르크는 분열된 독일을 통일시키기 위해서는 오로지 '철과 피'만이 요구된다고 하였습니다. 즉 준비된 무력(무기와 병력)만 이 통일을 위해 필요할 뿐, 말과 다수결로는 아무것도 결정나지 않는다고 한 것입니다.

비스마르크는 학생 시절 결투로 28군데나 깊은 상처를 입은, 거칠고 다루기 힘든 터프 가이였다고 합니다. 그런 그가 빌헬름 1세 황제를 잘 보필하여 군부와 사이좋게 지내면서 덴마크, 오스트리아, 프랑스를 쳐부수고 독일을 통일시킨 대업을 완성한 것입니다.

마키아벨리 Niccolo Machiavelli, 1469.5.3.-1527.6.21

이탈리아 피렌체의 가난한 귀족 집안에서 태어나 1498년부터 피렌체의 제2서기 관직으로 내정과 군사를 담당하였으며 대사로도 활약하였다. 1512년 메디치 가(家)가 피렌체로 복귀하게 되자 한때 음모죄로 체포된 후 극심한 고문 끝에 간신히 살아남았다. 이후 관직에서 물러났으며 실의 속에서 독서와 저술 활동에 전념하였다.

주요 저서로는 『군주론』, 『로마사론(일명 정략론)』, 『전술론』, 『피렌체사』가 있으며, 또한 이탈리아 연극사상 획기적 작품이라는 『만드라골라』 등이 있다. 특히 『군주론』은 그의 대표작으로서 '마키아벨리즘(목적을 위하여 수단과 방법을 가리지 않는 권모술수주의)'이란 용어까지 생겨났다. 이 책은 군주의 자세를 논한 책자로서 정치란 도덕과는 확연히 구별된 별도의 고유 영역임을 주장하였고, 더 나아가 프랑스 및 에스파냐 등 강대국과 대항하여 강력한 군주 밑에서 이탈리아가 통일되어야 한다고 호소하였다.

'악마의 책' 또는 '권력의 경제학'이라고도 불린 『군주론』은 교황청 금서 목록에 포함되어 한동안 세간에서 잊혀진 듯하였으나 약육강식의 양차 대전으로 다시 부활하여 지금은 정치가뿐 아니라 경제인 아니 일반인의 처세술에도 이용되고 있다.

이 책에서 가장 유명한 말은 "군주는 사자의 심장(용맹)과 여우의 두뇌(간교)를 갖고 있어야 한다"이다. 왜냐하면 사자는 함정에 빠지기 쉽고, 여우는 늑대를 물리칠 수가 없기 때문이다. 따라서 함정을 알아차리려면 여우처럼 간교해야 하고, 늑대를 혼내 주려면 사자처럼 용맹해야 한다는 것이다.

비스마르크 Otto von Bismarck, 1815.4.1.-1898.7.30

독일 정치가. 프로이센 출생. 철혈 재상(鐵血宰相)이라고도 함. 베를린대학, 괴팅겐대학에서 법률을 공부하고 프로이센 관리가 되었으나, 고향으로 돌아가 영지 경영에 전념하였다. 1847년 연합 주의회 의원으로서 보수성지가가 되어 이후 자유주의자와는 앙숙이 되었다.

1859년 주러시아 대사를 거쳐 62년 9월 빌헬름 1세에게 총리로 발탁되어 그 유명한 '철혈 정책(세계의 대현안들은 언론이나 다수결로 결정되는 것이 아니고, 오로지 철과 피〈병기와 병력〉에 의해서만 해결된다는 군비 확장 정책)'이라는 강경책으로 의회와 대립한 채 군비 증강을 실시하였다. 대 덴마크 전쟁(1864), 대 오스트리아 전쟁(1866), 대 프랑스 전쟁(1870~71)을 승리로 이끌고, 국내 반대파의 코를 납작하게 한 후 독일을 통일, 프로이센을 중심으로 한 독일 제국을 건설하였다.

이후 독일 산업혁명을 완성하고, 자본주의의 획기적 발전을 이룩하였다. 또한 옛 지배층에게 신흥 시민 계급의 요구를 수용케 함으로써 봉건사회에서 시민사회로의 이행을 성공적으로 촉진한 '위로부터의 혁명'을 이룩하였다. 이 시대 동일 독일의 실질적인 독재자로서, 또한 강력한 왕권의 수호자로서 유럽 정치를 좌지우지한 영걸이었다.

자, 이제 이들을 운명요소(사주명리학)로 비교하겠습니다.

① 마키아벨리

생년월일 1469년 5월 3일 해시

운명요소 기축년 무진월 병오일 기해시(己丑年 戊辰月 丙午日 己亥時)

② 비스마르크

생년월일 1815년 4월 1일 미시

운명요소 을해년 기묘월 무오일 기미시(乙亥年 己卯月 戊午日 己未時)

1. 본능 검색

① 마키아벨리(丑←辰→午←亥)

본능의 밑바닥에는 용띠와 돼지띠, 그 위에 소띠와 말띠로 이루어져 있습니다.

돼지띠는 저돌성과 강직성, 성실성과 의지력이 강하며, 용띠는 이상향을 꿈꾸며 준비하고 또 그것을 이루려는 강한 추진력이 있습니다. 말띠는 화려한 것을 좋아하고 감수성이 강하며, 요설이 있는 본능입니다. 사람 상대하는 직업에 알맞다고 할 수 있죠. 또 소띠는 완고하고 차근차근 일에 접근하고 고집불통인 점이 있습니다.

② 비스마르크 (亥➡卯➡午←未)

본능의 밑바닥에는 양띠와 돼지띠가 있고, 그 위에 토끼띠, 맨 위에 말띠가 있는 구조입니다. 양띠의 빈틈 없는 집요함과 인정미, 돼지띠의 저돌성과 강직성, 성실성과 의지력, 그에 힘입은 토끼띠의 기발한 착상력과 꾀, 기회 포착력과 여기에 기초한 말띠의 화려함과 감수성, 요설 그리고 싫은 적에게는 꼭 복수를 하고야 마는 편협성 등이 비스마르크의 본능입니다.

본능 종합 판단

마키아벨리는 용띠의 이상향과 말띠의 기지·요설과 이를 뒷받침하는 돼지띠의 저돌·성실성이 있습니다. 그는 르네상스 시대의 이탈리아를 '통일된 공화정'이라는 이상적 사회로 만들기 위하여 혼신의 힘을 쏟아 부었으나, 자기의 정치 이념을 실현시켜 줄 든든한 후원자를 얻지 못하고, 뜻을 펴지 못한 채 세상을 등지고 살았습니다.

한편 비스마르크는 권력을 향한 빈틈 없는 집요성(양띠)과 그것을 현실화하는 기발한 아이디어, 꾀, 기회 포착력(토끼띠)과 말띠의 요설로 권력의 최고위까지 오른 현실적 대정치가였습니다.

본능표

라이벌	동물이름	사주용어	겉에 보이는 것(방어용)	속에 숨긴 것(공격용)
	소	축(丑)	친절, 온정, 정리	불굴, 완고
	용	진(辰)	시원시원, 적극적,	감각적, 두뇌 총명, 실행력, 이상향
마키아벨리	말	오(午)	정직, 자유분방, 쾌활	두뇌 회전, 기지, 요설, 감수성
	돼지	해(亥)	맹렬, 고집, 돌진, 침착, 솔직	신경 예민, 정의감, 사명감, 상상력

	돼지	해(亥)	마키아벨리 참조	마키아벨리 참조
	토끼	묘(卯)	마키아벨리 참조	마키아벨리 참조
비스마르크	말	오(午)	마키아벨리 참조	마키아벨리 참조
	양	미(未)	보수, 완고, 온화	분석력, 빈틈 없음, 집요함

2. 개성 검색

① 마키아벨리 (己←戊←丙→己)

개성의 밑바닥에 병이, 그 위에 무가, 맨 위에 기가 있는 구조입니다.

병은 성급하기는 하지만, 이해력과 관찰력이 뛰어난 개성입니다.

또한 무는 관리 능력이 탁월합니다. 즉 기초를 단단히 다진 후 일을 착착 진행시키는 능력이 매우 뛰어납니다. 실제적이고 구체적 사업 구상에는 따를 사람이 없다 하겠습니다. 그가 피렌체의 군사·외교 부문에서 중용된 것은, 이러한 개성에 힘입은 바가 크다고 하겠습니다.

기는 이해 흡수력과 응변력, 다재다예 등이 있는 개성입니다.

② 비스마르크(乙→己←戊→己)

개성의 밑바닥에 을과 무가 있고, 그 위에 기가 있는 구조입니다.

무와 기는 마키아벨리와 같으므로 비슷한 개성이 있다고 보겠습니다. 을에는 주도면밀성과 점유욕 등이 있어서 그가 대전쟁을 수행하는 데, 또한 권력을 오로지 독점하여 거의 독재자로서 군림하는 데 큰 역할을 했을 것입니다.

마키아벨리가 병의 이해력과 관찰력으로 정치 이론에 매달린 반면, 비스마르크는 을의 주도면밀한 권력 점유욕으로 현실 정치에 과감히 뛰어들어 큰 영웅이 된 것입니다.

개성표

라이벌	사주용어	태도(겉모습)	능력(속모습)
마키아벨리	기(己)	소극적, 선량, 내심 복잡	이해력, 다재다예, 응변력
	무(戊)	낙천적, 자기 중심, 자존심, 명예	합리적 관리 능력
	병(丙)	성급, 친절, 관대	이해력, 관찰력
비스마르크	을(乙)	유순	계산 면밀, 점유욕, 표현 능력
	기(己)	마키아벨리 참조	마키아벨리 참조
	무(戊)	마키아벨리 참조	마키아벨리 참조

4. 소질 검색

① 마키아벨리(己◀戊◀丙➡己)

병과 무, 병과 기의 관계는 창조 · 창의 · 기술 · 예술적 소질을 말합니다.

저술가, 예술가, 외교가 등 자기의 재능과 천재성이 밖으로 튀어나오는 소질을 말하는 것이죠(사주용어 : 상관, 식신).

② 비스마르크(乙➡己➡戊➡己)

무와 기의 관계는 모험적 사업과 공동 사업을 하기 좋아하는 소질입니다(사주용어 : 겁재).

또한 무와 을의 관계는 윗사람을 중하게는 생각하나, 마음속으로는 경복하지 않는 자기 독립성이 있습니다(사주용어 : 정관).

그러나 연(年)에 있는 을은, 무와의 관계로 보아 꼼꼼하고 계산이 철저한 소질도 아울러 갖고 있습니다(사주용어 : 정재).

소질 종합 판단

마키아벨리는 오로지 창의 · 창조, 기예 소질만 있습니다.

이런 소질만 있는 사람은 노력에 비해서 성과물을 챙기지 못하는 경우가 많습니다. 즉 '재주는 곰이 부리고 돈은 주인이 챙긴다'고 할 경우의 곰에 해당하는 것이죠.

비스마르크는 권력과 재산 모두 다 갖는, 현실적인 부귀를 함께 갖는 사주입니다.

소질표

라이벌	형 태	사주용어	특 징	소질형(급수)	
마키아벨리	丙→戊	식신	창의 창조, 연예	많은 노력형	B
	丙→己	상관	창의 창조, 연예	노력형	B
	己←丙	인수	자료 수집, 학문	적극 찬스형	B
비스마르크	戊→己	겁재	공동 사업	공동 사업형	C
	戊→乙	정관	인사 관리, 법 관리	상사 보호형	C
	乙←戊	정재	재무 관리	온정 간섭형	A

4. 욕망 검색

① 마키아벨리(丙일에 辰월)

창의·창조 욕망, 인기 영합 욕망, 명성 욕망이 매우 강합니다.

그리고 그 욕망이 소질에 나타나 있으므로(무와 기), 욕망이 강한 동기 부여를 하게 되어 소질에 큰 영향을 미치고, 따라서 성과도 아주 큽니다.

② 비스마르크(戊일에 卯월)

관리 욕망, 권력 욕망, 법에 의한 통치 욕망이 아주 강하고, 또 그것이 소질에도 나타나 있으므로 현실적으로 큰 동기 부여가 됩니다.

▌욕망 종합 판단

마키아벨리는 창조·창의·기예·외교(고색 창소)에, 비스마르크는 권력 욕망에 아주 강한 동기 부여가 되고 있습니다.

5. 총체 종합 판단

구분	마키아벨리	비스마르크
본능	외교, 이상향	아이디어, 꾀, 집요함
개성	이해력, 관찰력	계산 면밀, 점유욕
소질	창의 창조	권력, 재산
욕망	창의 창조 욕망	권력욕

마키아벨리의 『군주론』을 읽고 싶어서 중고등학교 시절 책방을 뒤지고 다닌 기억이 납니다. 마키아벨리! 내 희미한 기억에 의하면, 그의 묘비명에는 이런 말이 써 있답니다.

"그의 이름 자체가 하나의 영광이다."

그는 현실 정치 세계에서는 그다지 큰 성공을 거두지 못했습니다. 『군주론』이라는 책도 당시의 최대 실력자인 메디치 가문에 바치는 글인 동시에 자기 소개서였습니다. 그러나 자기의 모든 지식과 계략과 정치 이론을 실제로 적용해 보기 위한 후원자를 얻지 못한 이 정치적 천재는, 아무런 실력 발휘도 못한 채 쓸쓸한 산장에서 실의와 무위 속에 독서와 저술로서 생을 마감합니다.

"무장한 예언자는 성공하고, 무장하지 않은 예언자는 멸망한다."

"정신의 개혁에만 의존한다면 정치의 개혁은 물 건너 가버리고 만다. 그 성공을 위해서는 온갖 정치적·군사적인 방법을 총동원하지 않으면 안 된다."

그가 존경한 사람은 르네상스가 자랑하는 여걸 성주 '카테리나 스포르차'였습니다. 그녀는 대국들에 둘러싸인 소국이 살아남기 위하여 절대적으로 필요한 흥정솜씨를 가르쳐 주었습니다. 또 하나는 '체자레 보르지아'라는 엄청난 대 정치가입니다. 그는 돌처럼 침묵하는가 하면, 순식간에 표변하여 다정하게 무엇이고 털어놓을 듯한 다변가가 되기도 하고, 또 듣고 싶어하는 것에 대해서는 일체 말을 하지 않아 상대방을 한없이 답답하게 만들기도 하는, 마키아벨리의 통찰력과 지력을 여지없이 깨부셔 버린 대단한 인물입니다.

"나는 가난하게 태어나, 즐기는 법보다는 괴로워하는 법을 더 많이 배웠다."

니콜로 마키아벨리가 마지막 책에 남긴 글입니다.

비스마르크! 이 역시 대단한 인물입니다. 그는 자기 스스로가 원대한 포부와 야망을 갖고 있다는 것을 잘 알고 있었을 뿐더러, 그것이 다른 사람과의 인간적 교류에 걸림돌이 된다는 것도 알고 있었죠.

그 단적인 예가 청혼할 때인데, 그는 이런 말을 했답니다. "저는 존대한 사나이올시다. 이 점만은 흠이 될지 모르지만, 그 밖에는 나무랄 데가 없습니다." 이 말을 접한 장래의 장인은 '미친놈' 별명이 붙은 이 난폭한 사나이를 거들떠보지도 않았지만, 딸은 은근히 마음이 내키는 눈치라서 선을 보기로 했습니다. 의기양양해진 그는 선보는 자리에서 무작정 그녀를 꽉 붙잡고 정열적으로 키스를 퍼부었다고 합니다. 그녀는 기가 막혔지만, 그 정열에 감동되어 허락했다죠, 아마. 이런 그의 난폭한(?) 행동은 그다지 본받을 일은 아닌 것 같습니다. 그러나 단도직입, 저돌적 돌진, 철저히 계산된 타산적 두뇌…… 이런 것은 배울만 하지 않을까요?

마키아벨리의 『군주론』과 『전략론』은 꼭 한번 읽어 보시기 바랍니다.

2차대전에서 격돌한 철천지원수

유태인 대학살의 원흉, 세계를 제패하겠다며 벌인 2차대전의 끔찍함! 그러나 입만 벌려 연설하면 온 국민이 까무러치던 뛰어난 선전선동가. 정말 한 개인의 일생이 이렇게 많은 사람을 불행 속에 처넣을 수 있는 것인지 새삼 놀라게 되는 이 사람, 아돌프 히틀러는 미국 정보국에서 정신 분석까지 한 인물입니다. 필자가 사주명리학을 공부하게 된 동기는, 이러한 범죄적 독재자들과 또 영웅들을 단번에 완전히 알아볼 수 있지 않을까 싶어서였습니다.

한편 윈스턴 처칠은 생긴 것도 좀 느릿느릿하게 생겼고, 그만큼 생각도 빠릿빠릿할 것 같지 않은, 사실 상급학교 진학에도 실패한 사람입니다. 그러나 히틀러의 속을 그만큼 똑부러지게 알아차린 사람은 없었습니다. 좀 과장해서 얘기한다면, 처칠이 없었다면 유럽을 히틀러가 완전히 점령·장악했을 것이고, 히틀러의 제3제국은 1000년

('천년제국'은 히틀러의 희망이었다고 함)이 지속될 수도 있었을 것입니다. 그것을 막은 사람이 처칠입니다. 이 둘은 어떻게 보면 영원한 앙숙이요, 또 철천지 원수인 것입니다.

아돌프 히틀러 Adolf Hitler 1889.4.20 -1945.4.30

독일 정치가. 오스트리아-헝가리 제국 브라우나우암인 출생.

오스트리아 세관원의 아들로 태어나 린츠 근교에서 자랐다. 레알슐레(실업계 중등학교)에 입학하였으나 졸업하지 못하였고, 화가가 되기 위해 빈에 있는 미술학교에 1907·1908년 두 차례 응시하였다가 실패하였다. 그 뒤 빈에서 일정한 직업 없이 유산과 고아연금으로 생활하였고, 그림 엽서나 광고 그림 등을 그려 수입을 얻기도 하였다.

13년 병역을 피해 독일 뮌헨으로 이주하였다가 14년 제1차세계대전이 일어나자 독일군에 자원 입대, 바이에른 보병의 전령병으로서 전공을 세워 2차에 걸쳐 철십자훈장을 받았다. 18년 독일 패전 후에도 군에 남아 군대 내 공산주의자를 색출하는 위원회 등에서 근무하였다. 19년 독일노동당(20년 국민사회주의 독일노동자당으로 개칭, 통칭 나치스)에 입당한 뒤 뛰어난 연설로 선전 활동을 전개하여 당세를 확장하였고, 20년 군에서 제대한 후 나치 운동에 전념하였다.

21년 임시 전당대회를 개최한 뒤 당의 총서기가 되어 실권을 장악하였으며, 베르사유 조약의 폐기, 유태인 배척, 바이마르 공화제 반대 등을 주장하여 일반 민중의 지지를 얻었다. 23년 11월 뮌헨에서 봉기하였다가 실패, 투옥되었고, 25년 출옥하여 내부적으로 분열되었던 나치스의 재건에 힘써 30년 9월 총선거에서는 나치스가 6백만 표 이상을 득표, 독일 제2당으로 부상하였다. 32년 대통령 선거에서 힌덴부르크에게 패배하였으나, 같은 해 7월 총선거에서 나치스가 승리하여 제1당이 되었고, 33년 1월 독일 총리로 임명되었다. 같은 해 2월 국회의사당 방화사건을 계기로 공산당을 억압하고 반대파에 대한 탄압을 강행하였으며, 이어 총선거에서 승리한 뒤 의회에서 전권위임법을 성립시켜 일당독재체제를 확립하였다. 이듬해 대통령 힌덴

부르크가 죽자 대통령제를 폐지하고 자신이 총통 겸 총리로 취임하였다. 35년 베르사유 조약의 군사 제한 조항을 폐기하고 병역 의무를 다시 도입하여 군비 확장에 의한 실업 극복에 성공하였다. 대외적으로는 독일 민족 생존권 수립 정책을 폈는데, 35년 자르의 영유권 회복, 38년 오스트리아 합병, 39년 3월 체코슬로바키아 점령 후 같은 해 9월 폴란드를 침공하여 제2차세계대전을 일으켰다. 40년 6월 프랑스를 정복한 뒤 이듬해 소련 침공을 감행하여 우크라이나를 점령하였으나, 43년 2월 스탈린그라드(지금의 볼고그라드), 같은 해 5월 북아프리카 전선에서 패배하였다. 유태인 말살 정책을 고집하여 수백만의 무고한 유태인을 학살하였다. 악의 화신으로 여러 차례 암살될 뻔하였으나 구사일생으로 살아났고, 45년 4월 29일 소련군 포위 아래 베를린에서 에바 브라운과 결혼한 뒤 이튿날 총통 관저에서 자살하였다. 저서로 『나의 투쟁(1925~26)』이 있다.

윈스턴 처칠

Sir Winston Leonard Spencer Churchill,
1874.11.30-1965.6.24

영국 정치가. 옥스퍼드 주 블레넘궁 출생. 명문 귀족 말버러 가(家)의 후손이다.

해로학교에 입학하였으나 상급학교에 진학하지 못하고, 1894년 샌드허스트 육군 사관학교를 졸업하였다. 육군에 들어가 97년 이후 인도·수단 등에서 군무에 종사하였다. 이어 보어 전쟁에 《모닝포스트》지 기자로 종군, 포로가 되었다가 탈출하여 유명해졌다.

그 여세로 1900년 이른바 카키 선거에서 보수당 하원의원으로 당선되어 보호 관세 무역에 반대하고 자유 무역을 주장하다가 탈당하고 자유당으로 옮겼다. 자유당 내각이 성립되자 1906년 식민차관(植民次官)에 임명되고, 이어 상공장관·내무장관 등을 거쳐 11년 해군장관을 지냈다. 그 과정에서 보어인과의 화해, 개혁 정책 등을 추진하고 해군의 근대화에 노력하다가 15년 보수당과의 연립내각 수립을 기해 사임하였다. 16년 군무에 복귀하였고, 17년 군수장관, 19년 육군장관으로 임명되어 러시아혁명에 간섭하는 전쟁에 주력하였다. 21년 식민장관을 역임하면서 중동에서의 영국 세력권 확립에 노력하는 한편, 아일랜드 남부에 독립을 부여함으로써 민족 운동을 진정시켰다. 22년 자유 · 보수 양당 연립이 무너지고 총선거에서 낙선하였으나, 보수당으로 옮긴 뒤 24년 하원의원에 당선되었다. 그해 재무장관에 취임, 금본위제로의 복귀를 단행하였다가 노동당의 반대를 받았고, 26년에는 결국 총동맹파업을 유발하였다.

한편 나치즘에 대한 체임벌린 내각의 유화정책(宥和政策)을 비판하여 29년 사퇴, 39년까지 집필에만 몰두하였다. 제2차세계대전이 일어나자 정계에 복귀하여 해군장관이 되었고, 40년 체임벌린 사임 후 총리가 되었다. 이 시기에 그는 강력한 지도력을 발휘하여 전쟁을 승리로 이끌었고, 41년 〈대서양헌장〉을 선언하는 등 전후 국제질서 구축에도 이바지하였다. 그러나 자국의 시회 개혁을 원하는 국민들의 요구를 등한시한 결과, 45년 총선에서 패배하여 총리직에서 물러났다. 51년 다시 총리가 되었다가 55년 80세의 고령으로 은퇴하였다. 2차대전 직후 행한 <철의 장막(1946)> 연설은 특히 유명하고, 문필에도 능하여 53년 『제2차세계대전(1948~53)』으로 노벨문학상을 수상하였다. 그 밖의 저서로 제1차세계대전을 다룬 『세계의 위기(1923~29)』, 『나의 초년시대(1930)』, 『말버러(1933~38)』 등이 있다.

자, 그러면 이제 이 두 사람을 운명요소(사주명리학)로 비교하겠습니다.

① 아돌프 히틀러

생년월일 1889년 4월 20일 유시

운명요소 기축년 무진월 병인일 정유시(己丑年 戊辰月 丙寅日 丁酉時)

② 윈스턴 처칠

생년월일 1874년 11월 30일 사시

운명요소 갑술년 을해월 경인일 신사시(甲戌年 乙亥月 庚寅日 辛巳時)

1. 본능 검색

① 히틀러(丑←辰←寅→酉)

본능 맨 밑바닥에는 범띠, 그 위에 용띠, 그 맨 위에 소띠, 그리고 다른 쪽 맨 위에는 닭띠가 있는 구조입니다. 범띠는 잘 아시다시피 놀라운 관찰력, 호시탐탐 먹이를 노리는 깊은 계략, 한 번에 먹이감을 제압하고 현장을 장악하는 탁월한 공격력이 돋보입니다.

용띠는 시원시원함, 도량이 크고, 가슴 속에 이상향을 꿈꾸며, 이를 적극 실행하는 강한 추진력이 있죠.

또한 소띠는 자기 방식을 절대로 바꾸지 않는 철저한 완고성과 이를 끝까지 밀고 가는 고집, 그리고 되새김질로 씹고 씹다가 한번에 욱 하고 터뜨리는 괴팍성도 있습니다.

닭띠는 공작새 성질이 있죠. 자기의 화려함에 도취하고, 정신적 허영심(자기가 최고라는 생각), 과도한 자존심과 조급함, 이를 위한 두뇌 회전은 남이 따라올 수 없을 정도입니다.

② 처칠(戌➡亥➡寅⬅巳)

본능 맨 밑바닥에는 개띠와 뱀띠, 그리고 개띠로 압박받은 돼지띠, 그 위에 범띠의 구조입니다.

히틀러는 범띠가 맨 밑바닥에 있어서 잘 알아볼 수 없었는데, 처칠은 범띠가 맨 위에 있어 금세 알아볼 수 있죠. 범띠는 히틀러를 참조하십시오.

개띠는 사명감과 책임감의 대명사죠. 먹이를 사냥할 때 탐색하고 추적하는 데 큰 실력을 인정받고 있는데, 이런 일로 매우 자부심이 큽니다.

뱀띠는 조심성이 단연 돋보입니다. 앞을 의심하고 조사하는 데 탁월하죠. 처칠이 정보부를 어떻게 운용했나를 보면 알 수 있습니다. 그렇지만 먹이를 조준하면 단 한 번에 확실하고도 재빠른 공격으로 먹어치웁니다.

돼지띠는 멧돼지의 저돌성, 아무도 못 말리는 돌신, 한번 한다고 하면 기여코 하고야마는 의지력이 돋보입니다.

█ 본능 종합 판단

히틀러의 특징이라 하면 아무래도 관찰력(범띠)과 이상향에 대한 버릴 수 없는 꿈(용띠), 대중 앞에서 도취하는 화려함(닭띠)이라고 할 것입니다. 그 사람 개인 위주로 보면 대단하지만 남들의 희생이 따르죠.

한편 처칠은 사명감(개띠)이 돋보입니다. 모든 재능은 이 국민에 대한 사명감을 뒷받침한다고 할까요? 본인보다는 남을 위한 봉사였습니다.

본능표

라이벌	동물이름	사주용어	겉에 보이는 것(방어용)	속에 숨긴 것(공격용)
히틀러	소	축(丑)	친절, 온정, 정리	괴팍, 불굴, 보수, 완고
	용	진(辰)	시원시원, 적극적, 딱 부러진 행동	감각적, 두뇌 총명, 실행력
	범	인(寅)	자존심, 대담, 기지, 인내력	관찰력, 심모원려, 호시탐탐
	닭	유(酉)	조급, 허영, 친절, 동정심	두뇌 회전, 심미관 신경 예민, 이상주의
처칠	개	술(戌)	정직, 성실, 온순	책임감, 승부욕, 직관, 경계, 자기 중심
	돼지	해(亥)	맹렬, 고집, 돌진, 솔직, 의지력	신경 예민, 사명감, 용맹, 상상력
	범	인(寅)	히틀러 참조	히틀러 참조
	뱀	사(巳)	온화, 교제, 상대방 이해	임기응변, 감수성, 의심, 조준 사격

2. 개성 검색

① 히틀러(己←戊←丙→丁)

개성 맨 밑바닥에는 병이, 그 위에 무가, 그 위에 기가 있으며, 다른 쪽에 정이 있는 구조입니다.

병은 이해력과 관찰력이 대단하나 매우 조급하기도 합니다.

무는 탁월한 합리적 관리 능력이 최고입니다. 단지 자기 방식대로 자기 중심으로 일을 수행하는 결점이 있지만, 기초를 다진 후 착착 일을 진행시키는 뛰어난 성질이죠.

기는 이해 흡수력이 뛰어나고, 다재다예 재주가 많고, 자기 자신에게 매우 충실한 이기적 성질이 있습니다.

정은 새로운 것에 대한 호기심, 개혁 성향, 주도 면밀성이 있어서 그의 정치 관계 전술 전략을 꾸미는 데 큰 도움이 되었습니다.

② 처칠(甲➡乙⬅庚➡辛)

개성 밑바닥에는 경과 갑이, 그 위에 을과 신이 있습니다.

경은 과단성과 민감성, 그리고 큰 것을 덥석덥석 집어 주고 작은 일은 부하에게 던져 주는 대담성이 있으며, 또 말을 조리 있게 잘합니다.

갑은 돌파력과 사람을 선두에서 끌고 가는 힘이 대단하죠. 정직과 추진력으로 특징 지어집니다.

을은 표현 능력이 풍부하고, 현실 감각이 뛰어나며, 독점력과 타산적 성격이 매우 강합니다. 은근히 조심성도 많습니다.

신은 감수성과 사존심, 그것보다 강한 권력욕이 있으며, 이를 위한 두뇌 회전이 대단합니다. 머리가 잘 돌아간다는 말을 들을 정도이나, 약자를 돌보는 인정미 때문에 가끔 큰일에 낭패를 당합니다.

▌ 개성 종합 판단

히틀러는 의외로 권력욕보다는 자기 사업 완성에 더 큰 비중(무)을 두고 자기의 재능(기)과 개혁(정)을 진행시킨 반면, 처칠은 권력욕(신)과 타산적 독점욕(을)으로 일관한 면이 많다고 하겠습니다.

개성표

라이벌	사주용어	태도(겉모습)	능력(속모습)
히틀러	기(己)	소극적, 선량, 내심 복잡	이해력, 다재다예, 응변력
	무(戊)	낙천적, 자기 중심, 자존심, 명예	합리적, 관리 능력
	병(丙)	성급, 친절, 관대	이해력, 관찰력
	정(丁)	예의, 열정, 자기 희생	주도면밀, 개혁 성향
처칠	갑(甲)	정직, 도덕 중시	의지력, 강한 추진력
	을(乙)	유순	계산 면밀, 점유욕, 표현 능력
	경(庚)	민감, 의협심, 대충대충	능변, 이해력, 과단력
	신(辛)	친절, 감수성, 허영, 자존심	두뇌 회전 강함, 인정미, 권력욕

3. 소질 검색

① 히틀러(己←戊←丙→丁)

인생의 목적이 자기 표현, 인기 영합, 명성(사주용어 : 식신, 병→무)에 있습니다. 즉 창의 · 창조, 기술, 예술 계통에 소질이 있다 하겠습니다. 히틀러는 그림에 소질이 있었고, 또 연설은 기가 막힐 정도로 잘했다고 합니다.

② 처칠(甲→乙←庚→辛)

처칠은 깔끔하고 계산적이며 (사주용어 : 정재, 경→을), 교유 능력(사주용어 : 편재, 경→갑)이 탁월하고, 보스 역할(사주용어 : 편관, 갑←경, 年에 있는 갑과 日에 있는 경의 작용)을 하려는 소질과 목적이 있습니다.

소질 종합 판단

히틀러는 창의·창조, 자기 표현, 연예 쪽의 개인 위주의 소질과 목표가 있습니다. 반면, 처칠은 편법 사용도 잘하는 보스와 교제·교유력이 탁월하다 하겠습니다.

소질표

라이벌	형 태	사주용어	특 징	소질형(급수)	
히틀러	丙→戊	식신	창의 창조, 연예	많은 노력형	C
	己←丙	인수	자료 수집, 학문	적극 찬스형	B
	丙→丁	겁재	공동 사업	공동 사업형	C
처칠	庚→乙	정재	근면 성실, 꼼꼼한 챙김	명분 간섭형	C
	庚→甲	편재	정보 수집, 교유력	지도 간섭형	C
	甲←庚	편관	보스, 사람 관리	영리 자제형	B
	庚→辛	겁재	공동 사업	공동 사업형	C

※ C급은 원래 재능이 썩 좋은 편은 아닌 것에 해당되지만, 여기서는 비도덕성 때문에 C급이 되는 수가 많다.

4. 욕망 검색

① 히틀러(丙일에 辰월)

소질 편에서도 설명했지만 창의·창조, 기예 방면과 자기 표현욕, 명성욕이 매우 강합니다. 그것이 소질에도 무, 기로 나타나 (사주용어 : 투출 透出) 큰 동기 부여가 되고 있습니다.

② 처칠(庚일에 亥월)

의외로 자기 표현욕, 창의·창조, 기예 방면에 큰 욕망이 있다 하겠습니다. 이것은 소질에는 나타나지 않았으므로(투출되지 않음) 동기 부여는 되지 않았지만, 그의 문학 재능으로 나타나 저술 활동에 큰 도움을 주었습니다.

욕망 종합 판단

히틀러와 처칠 모두 창조·창의·자기 표현욕이 컸지만, 이 욕망을 실현시키기 위한 동기 부여 면에서는 히틀러가 앞서 있습니다.

고교 1학년 때 히틀러의 저서 『나의 투쟁(Mein kampf)』을 읽고 나는 마치 뇌를 감전당한 것처럼 쇼크를 받았습니다.

그는 자기가 이 어려운 국가에 태어나 또 어렵게 사는 것이 신의 섭리이며, 그것은 '장차 이 나라를 잘살게 하라는 신이 내린 사명, 소명, 은혜'라는 절대적 신념 아래 자기의 모든 사고와 행위를 한다는 것이었습니다.

그 당시의 녹화 필름을 보면, 그의 미칠 듯한 절규와 거센 북도이치 발음은 마치 심장이 멎어 버릴 정도의 강한 충격을 주곤 하였고, 독일 국민들이 외치는 "Heil!, Heil!, Heil!" 소리는 끝없는 메아리처럼 공명 현상을 일으켜 거의 최면에 걸리듯 멍한 상태가 됩니다.

'뉴른베르크 노동자대회'에서는 히틀러가 나타나기 1시간 전부터 유서 깊은 군가와 Heil 소리가 범벅이 되어 1시간 내내 울부짖는 모습이 비춰집니다. 울음 섞인 쉰 목소리로 외쳐대던 대중들의 거대한 흐느낌, 환희의 도가니 속을 떠올리면, 나도 덩달아 멍하게 흥분되곤 했습니다.

"대중은 여자와 같다. 강한 자에게 굴복한다"는 등 대중 심리에 일가견이 있는 선동 전문가로서의 그는, 윌리암 샤이러가 쓴 『제3제국의 흥망』에 잘 나타나 있습니다. 또한 이 책은 그가 그 광기를 어떻게 집단에게 이식시켰는지를 잘 알게 해줍니다.

〈히틀러의 정신 분석〉이라는 미국 OSS의 극비 보고서를 보고, 필자는 창조적 소질이 길을 잘못 잡으면 정말 걷잡을 수 없는 파괴로 갈 수도 있다는 것에 전율했습니다. 그가 애초에 예술학교에 정상적으로 입학하여 그림 공부에 착실했더라면, 그 자신과 세계에 그토록 증오스런 일이 벌어지지는 않았겠죠.

역사의 아이러니라고나 할까요. 개인적으로는 예술에서 실패했던 한 인생이 인류를 한꺼번에 불행의 구렁텅이에 몰아넣은 광적 증오로 뒤바뀐 것입니다.

처칠이 돋보이는 이유는, 그가 뛰어난 학생으로서가 아니라 오히려 우둔하게 보일 정도의 사람으로서, 각종 시험에 불합격을 하고도 태연하게 자기의 높은 꿈과 이상을 향해서 꾸준히 전진해 간 사실 때문입니다.

그는 오로지 노력과 집념과 사명감으로 그의 모든 꿈과 이상, 인생을 기획하고 계획하며 실천했습니다. 그래도 죽기 바로 전에는 자기는 성공한 인생이 아니었다고, 더 할 일이 남았다고 하는 강박 관념과 스트레스에 꽤 시달렸다고 합니다. 그러나 우리가 보기에 그는 '성공한 인생' 그것이었죠.

히틀러의 『나의 투쟁』과 처칠의 『제2차세계대전 회고록』을 한번 읽어 보시기 바랍니다.

샤이러의 『제3제국의 흥망』, 『히틀러의 정신 분석』, 『히틀러 평전』도 읽을 만합니다.

과연 찰떡 궁합인가?

지금까지 주로 세계적인 정치가들을 중심으로 글을 쓰다 보니 좀 딱딱하기도 하고 묵직한 것이, 뭔가 우리 관심사와는 동 떨어진 얘기를 하는 것 같았습니다. 그렇지 않아도 정치라고 하면 요 몇 년 큰 홍역을 치른 터라 아마 신물이 나는 분도 있으리라 생각됩니다. 그런 점을 감안하여 좀 간단하게 끝날 얘기로 주제를 바꾸어 볼까 합니다.

세계적인 미녀 스타와 성격파 미남 배우 얘기인데요. 영화 《클레오파트라》에서 만나 각자의 가정을 버리고 새롭게 결합한 엘리자베스 테일러와 리차드 버튼을 소개합니다.

'엘리자베스 테일러' 하면 우리 세기에 가장 유명한 은막의 여왕이자 《선데이 익스프레스지(영국 신문)》가 뽑은 '전 세계 가장 아름다운 여성 300인'에서 당당 1위를 차지한 대단한 인물입니다. 참고로 300명의 여인 중에는 2위 오드리 헵번, 3위 그레이스 켈리, 마릴린 몬로는 6위에 랭크되었었죠.

엘리자베스 테일러는 결혼도 9번을 했으니, 이 부분도 아마 거의 1위에 랭크되지 않았나 생각해 봅니다. 리차드 버튼은 성격파 배우로서 당시 영국에서 가장 유명한 인기인이었습니다.

자, 이 두 사람을 비교하자니 아무래도 배우자 검색(사주용어로 궁합)을 해야겠습니다. 참고로 중국에서 남녀가 결혼하기 전에 서로 맞춰 보는 조건에는 다음과 같은 14가지가 있다고 합니다. 이를 열거해 보면 ① 성격 ② 사상 ③ 지혜·재능 ④ 교육 수준 ⑤ 습관·취미 ⑥ 종교 신앙 ⑦ 경제 관념 및 능력 ⑧ 사랑 실천력 ⑨ 의사 소통 문제 ⑩ 자녀 교육 태도 방식 ⑪ 질병 건강 ⑫ 친척·친구 관계 ⑬ 일하는 태도·방식 ⑭ 친가의 배경 등입니다.

이 중에서 ⑬번까지는 당사자끼리의 관계를 맞춰 보는 것이고, 친가의 배경은 ⑭번 조항 하나뿐입니다.

그러나 요즘 우리나라는 당시지들보다는 외부 조건, 특히 친가의 배경(부자냐 고위직이냐) 등에 큰 비중을 둡니다. 하지만 좋은 배경 등의 외부 조건이 변하면 불행을 감수해야 한다는 것도 염두에 두어야 할 것입니다. 중국은 이 13가지 중에서 가장 역점을 두는 것이 서로 간의 충돌 가능성을 최대한 배제하고, 그래서 화합이 잘 되게 하는 것입니다.

필자는 여러 유명 문파의 것을 깊이 연구한 결과물을 기준으로 하여 다음의 4가지로 궁합을 보고 있습니다. 아마 결혼상담소나 심리상담소에서 참고로 하셔도 좋을 것입니다.

첫번째는 서로 첫눈에 빈하는 타입을 일러 줍니다. 사람마다 이상하게 서로 끌리는 타입이 있죠. 이것을 '제 눈에 안경'이라고들 합니다. 서로간에 텔레파시가 통하는 것인지, 전생에 인연이 연결된 것인지, 여하간 뿅 가는 타입을 알려 줍니다. 이것은 필자가 전공한 투파 명징파 비전에 들어 있는 것입니다.

두 번째는 금슬 관계를 알려 줍니다. 금슬에는 두 가지가 있는데, 심리적 금슬과 성적 금슬이 그것입니다. 우선 심리적 금슬 관계는 집안에서 누가 헤게모니(주도권)를 쥐게 되는지, 서로 앙숙처럼 싸우는 사이인지, 공처가가 되는 것인지, 또 서로 돕는 사이가 되는지를 알려 줍니다. 성적 금슬은 사디즘(가학성)과 마조히즘(피학성), 또는 자기성 우월증(성적 공주병·왕자병)이나 상대성 우월증(성의 일방적 봉사) 등 여러 가지로 나누어 알려 줍니다. 이것은 중국의 죽산파가 낸 이론인데, 필자(남각파)가 이것을 더욱 구체화한 것입니다.

세 번째는 문제 해결하는 방법이 비슷한지 어떤지를 알려 줍니다. 이 관계는 주로 재산 문제와 자녀 문제에서 의외로 많은 다툼의 원인이 되고 있습니다. 이것도 투파 명징파 비전의 소질 면을 깊이 연구한 후 필자가 더욱 구체화시킨 것입니다.

네 번째는 인간 관계, 특히 고부간의 관계, 자녀 관계(자녀수, 자녀 교육 관심도 등)를 알려 줍니다. 남성보다는 여성이 가정 생활에서 갖는 부담이 훨씬 무겁고 괴롭습니다. 남성은 바깥일(주로 돈버는 일)을 주로 하기 때문에 많은 문제들의 정답이 대충 나와 있습니다. 어떻게 하면 진급하는지, 어떻게 하면 상관·동료와 잘 지내게 되는지 등 이미 그 사회 사회마다의 불문율이 있어서 그대로 하면 무리없이 좋은 성과를 기대할 수 있죠. 그러나 여성에게 있어서 가정 문제는 정답이 거의 없습니다. 왜냐하면 문제 대부분이 독립적인 인간끼리의 관계이기 때문입니다. 자녀만 해도 이래라저래라 해봐야 그대로 되지도 않고, 오히려 부작용만 생깁니다. 고부간의 문제는 거의 적대적 수준입니다. 요즘은 많이 사라졌다고 합니다만 (오히려 시어머니가 며느리 눈치를 보는 세상이라고도 합니다), 옛날에는 결혼 생활이 깨지는 데 꽤 큰 비중을 차지하는 것이 고부간의 갈등 문제였죠.

이 관계도 중국의 죽산파의 이론을 필자가 더욱 구체화, 실용화하였습니다.

자, 그러면 이제 이 두 사람에 대한 배우자 검색을 해보겠습니다.

① 엘리자베스 테일러
생년월일 1932년 2월 27일 축시
운명요소 임신년 임인월 무오일 계축시(壬申年 壬寅月 戊午日 癸丑時)

② 리차드 버튼
생년월일 1925년 11월 10일 미시
운명요소 을축년 정해월 무술일 기미시(乙丑年 丁亥月 戊戌日 己未時)

1. 엘리자베스 테일러

① 첫눈에 반하는 타입
㉠ 대단히 헌신적이고 마치 아버지같이 자상하게 보살피는 타입. 그러나 사이가 나쁘면 자질구레한 일까지 간섭하기도 합니다.

ⓛ ㉠과 같이 헌신적이면서도 특히 재능을 펼칠 수 있도록 무한정 뒷바라지하는 타입. 그러나 사이가 나빠지면 재능의 방향에 이래라저래라 간섭이 심해집니다.

결국 엘리자베스 테일러는 아버지와 같은 타입, 즉 나이 차이가 많든가 점잖은 타입에게 첫눈에 반합니다.

② 금슬 관계

심리적 금슬 관계

㉠ 타입의 남편을 만나면, 자기가 헌신적으로 보살펴 주는 현모양처 노릇을 합니다.

ⓛ 타입의 남편을 만나면, 겉으로는 헌신적으로 보살펴 주는 것 같으나 속으로는 남편에게 많이 기대고 의지합니다

성적 금슬 관계

겉으로는 배우자를 왕자처럼 모시지만, 실은 공주가 되고 싶어합니다.

③ 문제 해결 방식(壬 · 壬←戊→癸)

소질 면에서 정보 취득 능력과 교유 능력, 재무 능력이 있는 사주입니다. 사업을 하면 매우 유능하고, 재물과 돈을 모으는 소질 재능을 타고 났습니다. 매우 현실적으로 물질 면에 관심이 많고, 문제 해결은 사업과 돈 위주로 합니다.

④ 인간 관계

남편과 처가와의 관계

㉠ 타입 남편은 장인 장모에게 꼼짝 못하는 얌전한 타입입니다.

㉡ 타입 남편은 장인 장모에게 지도·간섭을 받지만, 가끔 당당하게 맞서는 타입입니다.

자녀와의 관계

첫째 자녀는 효도하고, 둘째 자녀는 간섭 받으면 심하게 반항하는 앙숙 관계입니다.

- 자녀 생산 능력(본인) 4명
- 자녀 생산 능력(남편) 2명
- 자녀 키울 능력(자녀 욕심) 2명

2. 리차드 버튼

① 첫눈에 반하는 타입

㉠ 사랑보다는 우정이 있는, 서로 친구같이 친한 타입. 서로 독립적인 입장에서 자유롭게 살 수 있는 타입이지만, 사이가 나쁘면 '너는 너, 나는 나'로 서로 냉담해질 수 있습니다.

㉡ 상냥하고 소녀 같은, 그러면서도 헌신적인 타입. 자기를 오빠처럼, 아버지처럼 따르는 타입.

㉢ 어머니같이 자상하게 현모 역할을 하는 타입. 그러나 사이가 나쁘면 일일이 간섭하고 너무 걱정을 해주어서 귀찮게 합니다.

리차드 버튼은 반하는 타입이 3가지나 되어 많은 편에 속하므로, 언제든지 부인 외의 사람에게도 반할 수 있는 가능성을 지니고 있습니다. 즉 바람 피울 수 있는 감정 상태, 가슴이 뻥 뚫린 듯한 감정 상태가 될 수 있습니다.

② 금슬 관계

심리적 금슬 관계

㉠ 타입 부인을 만나면 공처가가 됩니다.

㉡ 타입 부인을 만나면, 겉으로는 부인이 이것저것 어머니같이 보살펴 주는 것 같지만, 내부적으로는 남편이 오히려 부인에게 헌신합니다.

㉢ 타입 부인을 만나면 남편이 부인을 감싸며 지도·간섭하려고 합니다.

성적 금슬 관계

배우자에게 일방적으로 봉사하는 관계입니다

③ 문제 해결 방식(乙➡丁⬅戊➡己)

소질 면에서 보면 관리 능력과 기획 능력, 특히 사람을 이용하는 능력이 탁월한 사주입니다. 문제는 주로 설득, 정신 면에 치중하여 해결합니다. 현실적인 엘리자베스 테일러의 물질 면보다는 정신 면에 관심이 많습니다. 결국 엘리자베스 테일러는 정신 면에서는 리차드 버튼을 존경하지만, 물질 면에서는 별로 큰 점수를 주지 않습니다.

④ 인간 관계

처와 시부모와의 관계

㉠ 타입 부인은 시부모에게 겉으로는 겁내는 듯하나, 속으로는 시부모를 야량 있고 느긋하게 모시는 관계가 성립합니다.

㉡ 타입 부인은 시부모를 구박하고 못되게 굽니다.

㉢ 타입 부인은 시부모의 사랑을 듬뿍 받습니다.

자녀와의 관계

첫째 자녀에게는 꼼짝 못하고, 둘째 자녀에게는 엄한 아버지 역할을 합니다.

- 자녀 생산 능력(본인) 딸, 혹은 없음
- 자녀 생산 능력(부인) 3번 중에 1번 임신(유산 가능성)
- 자녀 키울 능력(자녀 욕심) 딸 욕심

자녀를 어렵사리 얻게 되는 시주입니다.

▎배우자 종합 판단

첫눈에 반하는 타입에서는 엘리자베스 테일러의 ㉡번 타입 남편과 리차드 버튼의 ㉡번 타입 부인이 완전히 부합됩니다. 이 둘이 결국 각자의 가정을 버리고 결합하게 된 것은 서로 반하는 타입이었기 때문입니다. 심리적 · 성적 금슬 관계에서도 엘리자베스 테일러의 ㉡번 타입이 리차드 버튼의 ㉡번 타입과 꼭 맞는 타입이 되어, 결국 이 부분이 찰떡 궁합이라고 보아야 하겠습니다.

단지, 문제 해결 방식이 엘리자베스 테일러는 물질 면을 치중하는 반면 리차드 버튼은 정신 면에 치중하므로, 이 부분에 서로 불만이 쌓일 수 있다고 보겠습니다.

인기를 먹고 사는 인생은 그들의 사회적 성공 뒤에 항상 외로움과 불안감이 숨겨져 있다고 합니다. 인기가 사라진 다음에는 옛날의 추억을 먹고 살고, 그러다 잘못하면 인격 파탄 내지는 정신적 황폐감에 사로잡힌다죠.

엘리자베스 테일러

그것은 아마도 그들의 내면을 외면처럼 풍부하고 빼어나게 가꿀 능력이 없는 것에 원인이 있다 하겠습니다. 또 그 개인이 아무리 노력한다 해도, 개인의 힘이란 것이 외부의 수많은 팬들의 열성적인 헌신에 걸맞을 정도의 성의와 노력이 없을 뿐더러, 거의 자기 환상에 푹 빠지는 통에 '실질적인 자기 자신'을 보지 못하기 때문이 아닐까요?

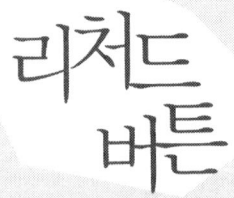

리처드 버튼

이들 부부도 처음에는 아무리 서로 잘 맞고 사랑이 충만했다고 해도, 결국 각자의 인기의 중요성에게 밀려나게 된 것입니다. 또 일방적으로 팬들에게 사랑을 받듯이 상대방에게 사랑을 받기만 하려는 욕심 때문에 결국 사랑이 식고, 또 잃어버리게 되지 않았나 생각해 봅니다.

미인 감별법으로 본 최고의 스타들

세기의 스타 부부를 소개하였으니, 이번에는 전설적인 은막의 최고 스타들을 한번 만나 볼까 합니다.

마릴린 먼로와 그레타 가르보가 그 주인공들입니다. 엘리자베스 테일러는 좀 도도하다고나 할까, 젊었을 때는 새침하기도 한 공주병이었고 나이가 들어서는 거만 당당한 왕비 스타일이었습니다. 반면, 마릴린 먼로는 전혀 미인티를 내지 않는, 아니 오히려 미인인 것을 수줍어하는, 약간은 치기어린 그러나 섹시한 여배우로서 전쟁중 군인들의 섹스 심벌이었습니다. 그레타 가르보는 무성 영화 시대부터 세계를 풍미한 지상 최대의 여배우로서, 우수에 어린 듯, 신비의 베일에 가린 듯한 쓸쓸한 면모를 유감없이 발휘한 스타입니다.

도대체 이들의 매력은 어디서 나오는 것인지, 미인의 근거는 무엇인지…… 이런 것들을 중심으로 이 두 여왕을 비교해 볼까 합니다.

일반적으로 미인이라고 하면 동·서양의 차이가 매우 큽니다. 서양 미인은 요염함을 꼽습니다. 우선 잘생겨야 하고, 또 글래머한 쪽을 많이 선호합니다. 하지만 동양 미인은 단정 단아하고, 편안하고 온화하며, 현숙해야 미인으로 꼽혔습니다.

중국 사주명리학에서는 이것을 색상미(色相美)와 명리미(命理美)로 나누어 설명하고 있습니다. 색상미는 주로 육체적인 미, 얼굴·체격 등에 대한 것으로서, 요염하고 눈이 크고 글래머적이고(흉고둔돌 胸高臀突=36-24-36의 체격), 피부가 보드랍고 매끄러워야 한다고 했습니다. 명리미는 동양 미인의 편안, 온화, 단정 단아, 현모양처, 왕부익자(旺夫益子=남편을 기운차게 하고 아들에게 이득되게 함)를 최고의 미로 생각했습니다.

동양 사회에서는 색상미(서양 미인 기준)를 갖춘 여성을 매우 불행한 인생으로 생각했습니다. 가인박명(佳人薄命=아름다운 여인은 운명이 기구하다)이라고 했는데, 즉 같은 여성끼리의 질투를 심하게 받으며 남성들이 끊임없이 유혹하여 풍파가 그치지 않는다는 것입니다. 그러므로 인생 전체가 안정이 안 되어 좋지 않은 스캔들만 계속 일어나 남의 입에 오르내리고, 또 본인 스스로가 유혹에 견디지 못하고 현숙할 수가 없어 이혼과 재혼이 많다고 했습니다.

옛날 동양의 윤리 면에서 보면 아주 영점인 셈이죠. 자연히 후처 아니면 기생 등으로 일생을 살아가려니, 저 한 몸 살기도 힘든데 자녀들의 인생은 또 어떻겠습니까. 그러나 서양에서는 이런 미인을 최고로 숭앙하였으니, 동·서양의 차이가 실로 엄청나다 하겠습니다.

서양 미인의 대명사인 이들은 바로 색상 미인에 해당되므로, 색상

미인 감별법으로 이 둘을 비교하겠습니다.

색상 미인 감별법에는 대략 15가지가 있습니다. 이 15가지는 모두 다 사주명리학의 전문 용어로 되어 있어 독자들에게는 너무 생소하고 어려우므로, 이 두 여배우를 비교하면서 몇 개 정도 간략하게 설명토록 하겠습니다. 우리나라에서 지금 유명하다는 여배우나 탤런트들이 이 15가지 중 몇 가지에 통과될 수 있을지 매우 궁금한데, 언제 기회가 되면 다루도록 하겠습니다. 자, 그러면 이제 이 전설적인 은막의 최고 미인들을 소개합니다.

마릴린 먼로   Marilyn Monroe 1926.6.1-1962.8.5

미국 LA 출생. 본명은 노마 제인 모텐슨. 불우한 어린 시절을 보냈으나, 사진 모델 시설 씩은 누드 사진을 계기로 영화에 출연하기 시작. 1953년 《아스팔드 정글 (The Asphalt Jungle)》과 《나이아가라(Niagara)》에서 주연을 맡아 폭발적인 인기를 얻었다. 아름다운 금발과 푸른 눈, 전신에서 발산하는 독특한 성적 매력은 그녀를 세계적인 섹스 심벌로 올려놓았다.

그러나 야구 선수 조 디마지오, 극작가 아서 밀러를 포함한 세 번의 결혼 실패 등 사생활은 매우 불행하였다. 헐리우드라는 거대한 톱니바퀴에 끌려 약물 중독이 되었고, 마침내 자살로 추정되는 의문의 죽음으로 생을 마감했다.

주요 출연 작품으로 《신사는 금발을 좋아해(1953)》, 《돌아오지 않는 강(1954)》, 《7년 만의 외출(1955)》, 《버스 정류장(1955)》, 《뜨거운 것이 좋아(1959)》 등이 있다.

그레타 가르보

Greta Garbo 1905.9.18-1990.4.15

스웨덴의 스톡홀름 출생. 백화점 직원이었다가 1922년 영화계에 데뷔. 1925년 감독 모르츠 스틸레르를 따라 미국으로 건너가 헐리우드 MGM의 인기 스타로 오랫동안 은막의 여왕으로 군림했다. 우수를 머금은 듯한 미모와 어딘지 불행해 보이는 쓸쓸한 분위기는 그녀 자신도 폐쇄적인 성격으로 만들었고, 스틸레르의 죽음은 그녀를 더욱 고독하게 만들었다. 36세의 젊은 나이에 연예계에서 은퇴, 뉴욕에서 은둔 생활을 하였다.

무성영화시대의 대표작으로 《육체와 악마(Flesh and Devil, 1927 》, 《안나 크리스티(Anna Christi, 1930)》 등이 있고, 유성영화시대에는 《마타하리(Mata Hari, 1931)》, 《그랜드 호텔(Grand Hotel, 1932)》, 《퀸 크리스티나(Queen Christina, 1933)》, 《안나 카레니나(Anna Karenina, 1935)》, 《춘희(Camille, 1936)》 등이 있다.

자, 그럼 이 두 은막의 여왕을 비교해 볼까요?

① 마릴린 먼로

생년월일 1926년 6월 1일 사시

생년월일 병인년 계사월 신유일 계사시(丙寅年 癸巳月 辛酉日 癸巳時)

② 그레타 가르보

생년월일 1905년 9월 18일 해시

생년월일 을사년 을유월 경신일 정해시(乙巳年 乙酉月 庚申日 丁亥時)

1. 미인 검색

　미인 검색에 제일 많이 사용하는 첫번째 방법은 금(金)과 수(水)가 함께 많은 사주로, 또 상당히 확률이 높다고 합니다. 금(金)에는 경(庚)과 신(辛)이 있고 수(水)에는 임(壬)과 계(癸)가 있는데, 마릴린 먼로는 신과 계가 주류를 이루고 있어 글래머 미인, 요염한 미인이 되는 것에 가장 잘 맞다고 하겠습니다. 그레타 가르보는 이 점에서 좀 떨어진다고 하겠습니다.

　두 번째 방법은 중국 호중자의 이론인데, 사주 중에 사(巳)와 해(亥)가 많을수록 용모가 출중하고 글래머 미인이라고 하였습니다. 이 중에서 해(亥)가 많으면 용모가 잘생기고, 사(巳)가 많으면 섹시한 분위기가 많다고 했죠.

　마릴린 먼로는 월과 시에 사(巳)가 두 개 있으며, 특히 월에 있을 때 섹시한 분위기는 더욱 배가합니다.

　그레타 가르보는 사(巳)가 연에 하나 해(亥)가 시에 하나 있어 용모와 섹시한 분위기가 동시에 느껴지게 됩니다.

　세 번째는 식신상관(사주용어)이 기를 잘 소통시키면 미모에다가 분위기까지를 아울러 갖는다고 합니다. 마릴린 먼로가 바로 이 사주입니다. 그것도 일(日)을 중심으로 월과 시에 두 개나 있습니다(癸➡辛⬅癸).

　그 다음 50% 정도의 확률로서 신유(辛酉)일에 태어나면 미모와 글래머를 동시에 갖추는 사람이 많고, 목(木)이 많아도 요염하고 예쁘다고 하였습니다. 마릴린 먼로가 신유일에 태어났고, 그레타 가르보는 목(갑이나 을)이 많게 태어나서 특히 청결미가 돋보인다 하겠습니다.

또한 재(財), 관(官)이 일주(日柱) 옆에 붙어 있어도 청아한 미인이라고 하는데, 그레타 가르보가 바로 그렇습니다(乙←庚←丁).

여기서 월은 재, 시는 관의 사주입니다.

┃미인 종합 판단

마릴린 먼로가 글래머와 섹시한 분위기로 단연 앞선다고 하겠습니다. 그레타 가르보는 신비한 분위기와 청아하고 청결한 미녀라고 하겠습니다.

다음의 본능과 개성, 소질 검색 등에서는 영화 스타로서의 특성에 맞추어 검토해 보겠습니다.

2. 본능 검색

① 마릴린 먼로(寅←巳→酉←巳)

이 본능 중에서 특이한 것은 유(酉)입니다. 유는 닭띠를 말함인데, 공작새의 특징을 많이 갖고 있죠. 공작새는 자기의 화려함에 도취하고, 자기가 정신적으로 최고라는 허영심을 갖고 있는 자존·자만의 새입니다. 이것이 바로 남 앞에 자기를 자랑으로 내세우려는 스타나 탤런트의 성격이기도 합니다.

또한 낭만적 심미감도 있는 본능입니다.

② 그레타 가르보(巳→酉←申→亥)

이 본능에서도 특이한 것은 유(酉)입니다. 마릴린 먼로에서 설명한 대로 공작새의 본능을 타고 났습니다.

▌본능 종합 판단

둘 다 공작새의 본능, 자신이 최고로 화려하고 빼어난 미를 갖고 있다고 생각하는 점에서 타고난 스타 기질이 있다고 하겠습니다.

본능표

라이벌	동물 이름	사주용어	겉에 보이는 것(방어용)	속에 숨긴 것(공격용)
마릴린 먼로	범	인(寅)	자존심, 대담, 기지, 인내력	관찰력, 심모 원려, 호시탐탐
	뱀	사(巳)	온화, 교제, 상대방 이해	임기응변, 감수성, 의심, 조준 사격
	닭	유(酉)	조급, 허영, 친절	심미감, 신경 예민 낭만적
그레타 가르보	뱀	사(巳)	마릴린 먼로 참조	마릴린 먼로 참조
	닭	유(酉)	마릴린 먼로 참조	마릴린 먼로 참조
	원숭이	신(申)	쾌활, 명랑, 친절	영리, 관찰력, 창의, 변화무쌍, 이해력
	돼지	해(亥)	맹렬, 돌진, 솔직	신경 예민, 사명감, 용맹, 상상력

3. 개성 검색

① 마릴린 먼로(丙←癸→辛←癸)

개성 중에서 특이한 것은 계(癸)입니다. 계는 공상과 환상의 개성이고, 감성이 매우 세밀한 데다가 신경 또한 매우 예민합니다. 즉 감정이 매우 특이한 것이죠. 예술적 기질이 있는 개성이라 할 수 있습니다.

② 그레타 가르보(乙 · 乙←庚←丁)

예술적 능력에서 중하게 보는 것은 을(乙)입니다. 표현 능력이 있는 개성이죠.

개성 종합 판단

예술적 기질과 공상 · 환상 기질은 마릴린 먼로가 더 있고, 예술적 능력과 표현 능력은 그레타 가르보가 더 있다고 하겠습니다. 그러므로 원천적, 태생적 스타로는 먼로가 조금 더 위라고 생각됩니다.

개성표

라이벌	사주용어	태도(겉모습)	능력(속모습)
마릴린 먼로	병(丙)	성급, 친절, 관대	이해력, 관찰력
	계(癸)	순진, 신경 예민, 결벽	감정 세밀, 심사숙고, 환상
	신(辛)	친절, 감수성, 허영	두뇌 회전, 인정미, 권력욕
그레타 가르보	을(乙)	유순	계산 면밀, 점유욕, 표현 능력
	경(庚)	민감, 의협심, 대충대충	능변, 이해력, 과단력
	정(丁)	예의, 열정, 자기 희생	주도면밀, 개혁 성향

4. 소질 검색

① 마릴린 먼로(丙←癸→辛←癸)

예술가 소질로서 최고로 치는 것은 자기 창조, 자기 표현 능력인데, 바로 이것이 사주 중에 있습니다. 사주용어로는 식신 · 상관이라고 하는데, 즉 계→신←계(癸→辛←癸)의 관계인 것입니다.

　이 관계가 형성된 사람은 연예계나 기술계에 적성이 있습니다. 이런 사주는 자기 표현이 많으므로 경박하다, 방정맞다고 하여 옛날 동양에서는 경계하는 사주였습니다.

　② 그레타 가르보(乙 · 乙←庚←丁)

　앞에서도 설명했지만, 사주용어로 재(財) · 관(官)이 일주(日柱) 옆에 있으면 청순 · 청아한, 똑소리 나는 미녀라고 했습니다.

▌소질 종합 판단

　예술가적 소질로는 마릴린 먼로가 훨씬 색상 미인이고, 그레타 가르보는 어느 면에서 보면 명리 미인(동양적 미인)에 가깝다고 하겠습니다.

마릴린 먼로

　내면의 세계와 외부의 세계가 그토록 극명하게 다른 인물 중에 이 둘만한 사람도 아마 없을 것입니다. 겉으로는 화려하기 그지없는 인생이지만, 내면 세계는 외롭고 쓸쓸한 텅 빈 인생……

　쇼펜하우어의 인생 잠언록에 "인기라든가 명예라든가 하는 것은 '자기 자신'이 아닌 '남들이 만들어 준 자기'이므로, 변덕스럽기 그지없는 팬들이나 '남들'이 변해 버리면 여지없이 나락으로 떨어져 버리고 만다. 그러므로 남들의 인기 · 명예 · 평판에 너무 기대지 말라"란 말이 있습니다. 즉, '자기만이 알아주는 자기', '자기만이 이해하는 참다운, 속이 꽉 찬 자기'를 빨리 만들어야 진정한 인생의 참된 주인공, 자신의 참된 인생이 된다는 이 말이 정말 그럴 듯하게 들립니다.

그레타 가르보

: : 세종대왕 VS 황희 정승

국가를 최대로 성장시킨 비결

얼마 전 우여곡절 끝에 새로운 총리가 탄생하였습니다. 이 체제가 세종대왕과 황희 정승의 명 콤비를 얼마나 본받을 수 있을지 곰곰 생각하면서, 명군과 명참모의 역할을 심도 있게 다루어 보도록 하겠습니다.

예로부터 명군은 부국강병(富國强兵)을 지상 최대의 목표로 하여 적재적소(適材適所)의 수단으로 백성을 다스렸습니다. 즉 부자 나라에 강한 국민(군대)을 만들어야 자립적인 국가가 된다는 것이죠. 요즘 세상의 눈으로 볼 때, 부자 나라가 되려면 세계 자본주의 시장에서 우수한 경쟁력을 갖추어 이겨야 하므로 아마도 성장에 힘을 실어 주어야 하겠고, 또 강한 국민을 만들려면 모두를 잘 먹여야 하므로 분배에 힘을 실어 주어야 하겠죠.

60년대만 해도 분배보다는 성장이 우선이었습니다. 어느 정도 키가 커야 어른들 틈에 끼어드니까요. 이제 국제적으로 좀 키 큰 대접을 받고 있습니다만 이제 겨우 1만불 시대에 머물러 있고, 더구나 별안간 부쩍 커버린 중국의 잠재력을 생각하면 우리도 우선 좀더 키를 키워야 되지 않을까요. 키 작은 채로 남아서 작은 밥상 서로 나눠 먹어 보아야 배도 안 차고, 또 그나마 키 큰 국가에게 빼앗길까 두렵습니다.

'적재적소'는 인적 자원밖에 없는 우리나라 실정에 가장 시급히 해결해야 할 중요한 과제입니다. 먼저 적소(適所), 즉 가장 알맞고 경제적인 기능 만점의 조직체를 만들고, 여기에 딱 맞는 인재(적재)를 골라서 앉히는 것입니다. 적재적소야말로 사주명리학의 존재 이유이며, 또 가장 잘 맞는 장기 중의 장기입니다. 필자가 세종대왕과 황희 정승을 여기에서 논하는 것은, 이 두 분이 단짝으로서 부국강병과 적재적소를 완벽하게 해결했다고 믿기 때문입니다.

소질 면에서 볼 때 두 분은 모두 개혁과 창조의 비슷한 소질을 갖고 있습니다. 그러면서 세종대왕은 정도(正道)·왕도(王道)로서 가고, 황희 정승은 편법과 패도로서 갈 수 있는 능력이 있어, 이것이 교묘하게 서로 보완되어 있습니다.

세종이 원칙주의자인 반면, 황희는 슬그머니 현실과도 타협하고 편법으로도 해결함으로써 화합의 큰 틀이 만들어진다는 것이죠. 정도나 편도 어느 한 편만을 고집하면, 국론은 항상 둘로 갈라지게 되어 있습니다.

분열된 힘만으로는, 화합 없이는, 아니 서로 치고 받는 내분 상태로는 절대로 전진이 있을 수 없다는 것은 어느 사회에서도 증명이 된 사실입니다.

국가를 경영하는 명 콤비 플레이의 진수는 이 두 분의 행적이 사르쳐 줄 것입니다.

세종이 정도(正道)로서 앞길(개혁 · 창조)을 제시해 주고, 황희는 이 탈하려는 소수 집단까지도 편도로써 껴안아 모두의 힘으로 전진(부국 강병)케 한, 실로 유능하고도 영리한 천재적 해결사들의 조합이 이루 어진 것입니다.

이들 관계를 좀더 부연 설명하면, 예로부터 제왕과 정승 간의 권한 분배는 매우 미묘하여 잘못하면 한쪽이 죽어 버리는 결과가 되든가 아니면 권력 쟁탈전으로 비화하여 정정이 매우 불안해집니다(예 : 태 조+정도전 vs 태종).

왕은 보통 친정형(親政型 : 모든 일을 몸소 돌보고 일일이 확인하는 형) 과 위임형(委任型 : 대신에게 정사를 위임하고 그 결과를 책임지게 하는 형) 으로, 정승을 부리는 데 세종은 철저한 친정형입니다. 이에 비해 황 희는 수하들과 일심동체가 되어 같이 일하는 화합형 재상이며, 웬만 한 일은 위임하는 형입니다.

즉 세종은 앞날의 목표를 제시하고 적소(適所)를 조직하며 적재(適 材)를 정승과 의논하여 앉히면, 황희는 이들과 한몸이 되어 일을 수행 하고, 다시 최종적으로 세종이 작업의 완성도를 일일이 확인하는 시 스템으로 국가를 경영했습니다. 때문에 학문 · 기술 · 문화 면에서 최 대의 성장을 하였고, 또 주변 국가에 대한 철저한 무력 준비 및 제압 으로 동방의 요순 시대를 만들 수 있었던 것입니다.

이 부러운 콤비 플레이, 우린 언제 한번 보게 될까요?

자, 이제 이 두 사람의 운명 요소로 이들의 어떤 부분이 닮고 어떤 부분이 서로 보완되었는지 알아볼까요.

① 세종대왕

생년월일 1397년 5월 7일(음력 4월 10일) 진시

운명요소 정축년 을사월 임진일 갑진시(丁丑年 乙巳月 壬辰日 甲辰時)

② 황희 정승

생년월일 1363년 3월 8일(음력 2월 22일) 사시

운명요소 계묘년 을묘월 계사일 정사시(癸卯年 乙卯月 癸巳日 丁巳時)

1. 소질 검색

① 세종대왕(丁←乙←壬→甲)
② 황희 정승(癸→乙←癸→丁)

두 분 소질에서 비슷한 부분이 두 군네 있습니다.

첫번째는 개혁, 창조, 창의력 부문입니다. 세종대왕의 임➡을(壬➡乙, 사주용어 : 상관)과 황희 정승의 계➡을(癸➡乙, 사주용어 : 식신)의 부분이 매우 비슷한 곳입니다. 세종의 임➡을은 재능보다는 계속적인 노력으로 힘을 발휘하는 창의력입니다. 보통 사주에서 '상관'이라고 하면, 외향적 기질에다가 기세가 등등하고 꾸짖는 소리가 매우 크다고 합니다. 자기 목적을 위해서 집단 대중을 이끌고 가는 철저한 이기심이 있죠. 이를 위해 적극적이고 활발하게 창의력을 갖추어 꼭 자기의 목표만을 향해서 가며, 달성이 되었을 때의 성취감에 도취되는 대단한 기질입니다. '집단 성과=지기 이익'이므로 집단을 끌고

가기 위한 응변 능력, 모험 · 투기 정신, 말주변, 기모권변, 총명 · 영리 등을 모두 갖추고 있는 탁월한 인물입니다.

한편 황희의 계➡을은 맥을 짚는 데 매우 유능한 창의력입니다. 고객 창조에도 유능하여 사람을 자기 목적에 맞도록 조정합니다. 사주에서 말하는 '식신'은 상대 입장을 고려하여 일하는 데 조화를 매우 중시하므로, 이심전심으로 부하에게 모든 지시를 합니다. 즉 사물과 인간 관계를 중시하여, 경작은 묻되 수확은 묻지 않는 비공격적 기질이 많습니다.

즉 세종의 기술 창조에 대해서 황희는 예술적 창조, 고객 창조라 할까요. 세종이 꾸짖으며 성과를 재촉하면, 황희는 이를 인간적 조화로 대중의 모든 재능을 결집하여 성과를 만들어내는 훌륭한 콤비 플레이가 된 것입니다.

두 번째로 비슷한 것은 세종의 임➡정(壬➡丁, 사주용어 : 정재)과 황희의 계➡정(癸 ➡丁, 사주용어 : 편재)입니다. 둘 다 재물과 사업에 관심이 매우 큰 소질입니다.

세종의 임➡정은 상대방의 재능을 완전히 성과물(재물 포함)로 만들 때까지 계속적으로 독단적인 간섭도 마다하지 않는, 철저한 성과 · 실적 위주의 소질입니다. 또한 근검 절약과 정직을 고집하고, 일 안 하면 먹지 말라는 철저한 성과주의자로서, 실제로 땅을 밟고 땀 흘리며 밭을 갈아야 먹여 주는 실적 위주의 인물입니다. 튀는 부하를 싫어하고 규칙을 어기면 끝장인 엄격한 인물이기도 합니다. 야사에 보면 궁궐에서 궁녀가 종종 걸음으로 뛰어가도 점잖치 못하다고 스스로 매질을 하는, 엄한 곳이 많은 인물이었죠.

창의력 · 창조력(상관)으로 성과 실적(정재)을 얻는 것, 요새 산업 사회에서 보면 창의 기획품으로 현금을 챙기는, 대사업가적 기질이 뛰어난 사주입니다.

반면 황희의 계➡정은 세종의 엄격성보다는 동심 · 협력을 부르짖으며, '같이 벌어서 같이 먹고 살자'는 휘몰이식 전법을 구사합니다. 사람 대하는 것이 편하고, 명랑한 교제 수단이랄까 교유 능력이 있으며, 사람 속에 들어가서 그들과 어울리며 거기서 정보를 얻고, 그 상황 속에서 기회를 포착하고, 그를 근거로 기획하고 성과를 챙기는 철저한 현장 스타일입니다. 요새 산업 사회에서 볼 때, 영업 능력과 정보 채취 능력이 최고인 사주입니다. 즉 고객을 창조(식신)한 다음, 이것을 모두의 힘을 결집시켜 팔아 버리는 재주(편재)가 최고인 사주입니다.

결국 소질 면에서 볼 때 세종이 개혁 · 창의 목표를 제시하고 강제로 일을 시키면, 항희기 모두의 힘을 길집시켜 영업 활동을 수행하고, 이를 세종이 다시 엄격히 확인하는 시스템으로 작업하므로, 유사 이래 최고의 요순 시대를 만들 수 있었던 것입니다.

2. 본능 검색

① 세종대왕(丑◀─巳➡辰 · 辰)

본능 면에서 보면 용띠(辰)와 소띠(丑)가 큰 역할을 합니다. 용띠는 항상 가슴 속에 이상향을 꿈꾸고 있으며, 소띠는 한번 결정한 일은 끝까지 변치 않고 끌고 가는 뚝심이 있습니다. 소질 쪽에서의 개혁,

창의 목표를 일생 동안 자기의 꿈(용띠)으로 간직하고 고집스럽게(소띠) 추진해 간 것이죠.

② 황희 정승(卯 · 卯←巳 · 巳)

참모로서 갖출 것은 모두 갖춘 본능이죠. 뱀띠의 조심성, 조준 사격성, 그리고 토끼띠의 꾀, 기회 포착력과 세밀성이 구비되어 있으니 현실 타개하는 데는 최고의 본능이죠.

▌본능 종합 판단

세종의 이상향(용띠)과 황희의 조준 사격(뱀띠), 꾀(토끼띠)가 교묘하게 보완된 결과, 세종의 이상향이 황희의 보좌로 현실적 성과를 이룬 것입니다.

본능표

라이벌	동물이름	사주용어	겉에 보이는 것(방어용)	속에 숨긴 것(공격용)
세종	소	축(丑)	친절, 온정, 정리	괴팍, 불굴, 보수, 완고
	뱀	사(巳)	온화, 교제, 상대방 이해	임기응변, 감수성, 의심, 조준 사격
	용	진(辰)	시원시원, 적극적, 딱 부러진 행동	감각적, 두뇌 총명, 실행력
황희	토끼	묘(卯)	낙천적, 명랑, 침착	기회주의, 꾀, 심사 세밀
	뱀	사(巳)	온화, 교제, 상대방 이해	임기응변, 감수성, 의심, 조준 사격

3. 개성 검색

① 세종대왕(丁←乙←壬→甲)

정(丁)의 개혁 능력, 을(乙)의 계산적 점유욕, 임(壬)의 총명 · 지혜 · 영감, 그리고 갑(甲)의 강한 추진력이 돋보이는 개성입니다.

② 황희 정승(癸←乙←癸→丁)

을(乙)과 정(丁)은 세종과 같아서 개혁 마인드와 일에 대한 독점욕(을)이 강하고, 계(癸)의 심사숙고 · 공상력이 합쳐진 개성입니다.

▍개성 종합 판단

개혁 마인드와 사업에 대한 독점욕이 서로 같아서, 이 점이 완전한 단짝을 이루는 데 매우 큰 역할을 했다고 봅니다.

개성표

라이벌	사주용어	태도(겉모습)	능력(속모습)
세종	정(丁)	예의, 열정, 자기 희생	주도면밀, 개혁 능력
	을(乙)	유순	계산 면밀, 점유욕, 표현 능력
	임(壬)	낙관, 총명, 지혜	임기응변, 힘, 영감
	갑(甲)	정직, 도덕 중시	의지력, 강한 추진력
황희	계(癸)	순진, 신경 예민, 결벽	감정 세밀, 심사숙고, 환상
	을(乙)	유순	계산 면밀, 점유욕, 표현 능력
	정(丁)	예의, 열정, 자기 희생	주도면밀, 개혁 능력

4. 욕망 검색(사주용어 : 오행사주에서 월지용신)

이 욕망이라는 것은 잠재의식 속에 들어가 있기도 하고(사주용어 : 월지에서 투출 안 되었을 때), 또 소질에 나타나 동기 부여를 해주기도 합니다(월지에서 천간에 투출되었을 때). 하여간 한 인간의 '꿈'을 형성하는 욕망입니다.

① 세종대왕(壬일 근월)
잠재의식 속에 숨은 욕망으로서 사업 욕망, 교유 욕망(사주용어 : 편재)이 들어 있으므로, 현실에서의 동기 부여보다는 취미 활동으로 많이 나타납니다.

② 황희 정승(癸일 卯월)
자기 표현 욕망, 개혁·창조 욕망이 겉으로 표출되어(乙로 표출됨) 소질에 동기 부여하고 있으므로 재능이 가일층 뛰어난 사주가 됩니다.

세종은 어렸을 때 정신적으로 고생을 많이 한 인물입니다.
그의 형 양녕대군과 아버지 태종이 벌인 팽팽한 투쟁은 동생들인 효녕, 충녕(세종)에게는 마치 살얼음판 위에 서 있는 듯 위태위태하였고, 또 절친했던 외숙부들의 처참한 죽음은 그들의 정서에 가장 큰 타격이 되었을 것입니다.
태종의 그 준열함과 불 같은 성미는 양녕대군의 파행을 더욱 조장시켰고, 결국 그 세자 자리를 이어받은 세종은 인간적 고뇌와 불안감, 공포감을 내색 없이 소화해 낸 진정한 인간 승리자인 것입니다.

아직은 세종 개인에 대한 연구가 꽤 부족한 상태입니다. 그와 같은 인간 승리자, 성군이 강대국에서 태어났다면 세계사에 남을 위대한 황제로 추앙받았을 것입니다.

그토록 창조적 · 개혁적 · 진보적이면서도, 백성의 살림이나 안위에 대해서는 그토록 보수적이었던 능수능란한 인물. 진보를 위해서는 빠릿빠릿한 집현전 학자를 기르고, 보수를 위해서는 황희 같은 노련미 넘치는 점잖은 부하들을 키운, 참으로 보배 같은 존귀한 인물이었습니다. 그의 업적은 '한글 창제'라는 진보적 혁신에만 국한된 것이 아닙니다.

황희

경제 면에서 보면 고려시대 소득의 두 배 가까운 괄목할 만한 성장을 시켰고, 군사 면에서 보면 주변 국가가 두려움에 떨 정도의 위세를 떨쳤습니다.

명실공히 '부국강병'을 세계에 알린 진정한 영웅이었고, 문화 면에서 보면 무수한 발명품과 예술품으로 정신 문예 창조의 꽃을 피웠죠.

그를 뒷받침한 황희 정승의 그 넉넉한 인품과 철두철미 계산된 업무 수행력! 우리에게 그런 분들이 있었다는 것에 새삼 자랑과 긍지를 느끼면서, 앞으로 이런 성인이 다시 태어나기를 기원, 희망해 봅니다.

매국노와 애국자의 차이

국사 시간에 을지문덕, 김유신, 이순신 장군의 이야기를 들을 때마다 가슴이 울렁거리며 신이 나던 때가 있었습니다. 그것은 그들이 한 몸을 던져 나라를 구하는 데 앞장 섰고, 또 귀신같이 적을 무찔러 승리를 안겨 주었기 때문입니다.

그러나 세계사 시간에는 거의 할 말이 없었습니다. 세계 속에서의 우리나라 좌표는 거의 약소국(남의 나라를 침략한 적도 없고 거의 중국과 일본, 특히 왜구의 침략에 늘상 당하고만 산 나라) 아니면 중국의 속국 정도로 알려져 왔습니다. 특히 일본의 식민지로서의 우리나라 위상은 참담할 정도였고, 나라라고 할 수도 없었죠.

일본의 속국이 되는 결정적 계기를 마련해 준 사람들이 있었습니다. 을사오적이라고 하며 이완용, 박제순, 이지용, 권중현, 이근택이 그들인데, 을사조약에 날인을 한 소위 매국노들이죠. 이 가운데 특히 이완용은 매국노의 대명사로 불리울 만큼 국민의 증오심을 한몸에 받았습니다. 이에 대비되는 충신, 애국자로는 이준 열사나 민영환이 뽑히곤 했습니다.

필자는 가끔 이런 생각을 합니다. 누구는 어릴 때부터 매국노가 되려고 노력했겠는가 하고 말입니다. 그런데 도대체 왜 매국노가 되고 말았을까요?

〈소질과 욕망 검색〉에서 자세히 나오겠지만, 이완용은 권력욕이 대단한 반면 극히 겁이 많은 사람입니다. 그러니까 투철한 국가관보다는 자기의 힘을 보태는 방향, 아주 큰 권력체에 업혀서 호가호위(狐假虎威 : 여우가 범의 위세를 빌려 호기를 부린다는 뜻)해야 안심이 되는 팔자입니다. 그러자니 힘있다고 생각되는 러시아에 붙었다가 더 큰 힘이 있어 보이는 일본에 붙어 자기의 위세를 부린 것이죠.

한편 민영환은 법대로, 법의 규정대로, 법에 절대 복종하는 타입입니다. 여기서 법은 국기 또는 왕가를 뜻하는 것이었습니다. 배운 대로, 군자의 갈 길을 한 점 의심 없이 묵묵히 가고야 마는 사람입니다. 좀 융통성이 없고 붙임성이 없어서 인기는 없겠지만, 이런 분의 의사 결정은 항상 공공의 입장에서 공공을 생각하며 정당한 판단을 하므로, 위정자로서는 최고의 덕목을 갖춘 것이죠.

말 좀 잘한다고, 토론 좀 잘한다고, 남의 약점을 잘 꼬집는다고 인기가 오르고, 또 그런 인기인들이 모여 국가를 다스려 가고 있다고 생각하니 정말 옛 사람들이 새삼 그리워지는군요.

이제 이 두 사람의 라이벌을 소개합니다.

이완용
李完用, 1858-1926

조선 말기 문신·친일파. 경기도 광주(廣州) 출신. 을사오적의 한 사람이다. 1882년(고종 19) 증광문과에 급제, 주교·규장각대교·검교·홍문관수찬·동학교수·해방영군사마 등을 지냈으며, 86년 육영공원에서 영어와 신학문을 배웠다. 87년 박정양을 수행하여 미국에 건너갔다가 귀국한 뒤, 부승지·이조참의·전보국회판·외무참의 등을 지내고, 88년 주차미국참찬관·대리공사를 지냈다. 90년 돌아와 대사성·교환서총판·중추원의관 등을 지내고, 96년 아관파천 때 이범진과 함께 친러파로서 외부대신에 올라 학부대신·농상공부대신서리를 겸했다.

1901년 궁내부특진관으로 있다가 친일파로 변신, 1905년 학부대신이 되어 일본의 을사보호조약 체결 제의를 앞장서 지지, 체결하게 하였다. 그해 12월 의정대신 겸 외부대신서리를 지내고, 1907년(순종 1) 의정부참정으로 의정부를 내각으로 고쳤으며, 통감 이토 히로부미의 추천으로 내각총리대신·궁내부대신서리를 겸했다.

헤이그 밀사사건 뒤 일본의 지시대로 고종에게 양위를 강요, 순종을 즉위하게 하였다. 이에 전국에서 항일의거가 일어났으며, 1909년 이재명의 칼에 맞아 부상당했다. 10년 8월 22일 총리대신으로 정부전권위원이 되어 한·일 합병조약을 체결, 일제에게 나라를 넘겨주었다. 그 공으로 일제에 의해 백작이 되고, 조선총독부 중추원 고문이 되었다. 3·1운동 때 독립 투쟁을 비난하며 경고문을 발표하는 등 매국 행위를 계속했다.

関泳煥, 1861-1905

민영환

조선 말기의 문신·순국지사. 서울 출생. 호조판서 겸호(謙鎬)의 아들이다. 1895년 일제가 명성황후를 시해하는 을미사변을 일으키자 주미전권대사를 거부하고 낙향하였다. 96년 4월에는 러시아 황제 니콜라이 2세 대관식에 특명전권공사로 참석하였는데, 이때 중국 상하이(上海)와 일본·미국·영국·네덜란드·독일·폴란드 및 러시아를 횡단하는 등 해외파견사절로는 최초로 세계 일주를 하였다. 다음해 1월에도 영국·독일·러시아·프랑스·이탈리아·오스트리아를 특명전권공사로서 방문하였고, 러시아 황제에게 고종의 친서를 전달하며 각국 외교사절을 예방하였다. 두 차례의 해외 여행으로 서구 문물제도와 근대화 모습을 직접 체험하였다.

독립협회를 적극 후원하고, 일본의 내정 간섭에 항거하여 친일 내각과 대립하였기 때문에 한직인 시종무관으로 좌천당하였다. 1905년 11월 을사보호조약이 체결되어 나라를 빼앗기게 되자 의정대신 조병세와 함께 조약의 파기를 상소하였으나, 뜻이 이루어지지 않자 죽음으로 항거할 것을 결심, 본기에서 자결하였다. 그의 충절을 기려 나라에서는 후하게 예장하라는 명령과 함께 대광보국숭록대부의정대신을 추증하였고, 의절의 정문도 세웠다. 1962년 건국훈장 대한민국장이 추서되었다. 시호는 충정(忠正).

자, 그럼 이 두 사람을 한번 비교해 보도록 할까요.

① 이완용

생년월일 1858년 7월 16일(음력 6월 7일) 유시

운명요소 무오년 기미월 신해일 정유시(戊午年 己未月 辛亥日 丁酉時)

② 민영환

생년월일 1861년 8월 30일(음력 7월 25일) 오시

운명요소 신유년 병신월 신해일 갑오시(辛酉年 丙申月 辛亥日 甲午時)

1. 소질 검색

① 이완용(戊→己→辛←丁)

이완용에게는 세 가지 소질이 있습니다. 첫째는 신←정(辛←丁, 사주용어 : 편관)의 관계인데, 이 관계는 매우 겁이 많다는 특징이 있습니다. 그러나 항상 권력과 힘에 의해서 매사를 판단하므로 권력과 힘을 얻기 위해 분투 노력하고, 환경 적응에 있어서는 카멜레온처럼 효율적으로 변신도 가능한 성질입니다.

두 번째는 신←기(辛←己, 사주용어 : 편인)의 관계입니다. 보통 '편인'이라고 하면 하나를 가르치면 열을 안다는 깊은 이해력 · 영오력이 있고, 독창적이고도 기발한 아이디어를 낸다고 합니다. 그러나 이 '신←기'의 관계는 좀 떨어지는 소질로서, 맥을 짚는 데 서투르므로 엉뚱한 아이디어에 힘을 쏟고 심취하는 약점이 있습니다.

세 번째는 무→신(戊→辛, 사주용어 : 상관)의 관계입니다. 이 '상관'이라는 것은 외향적이고 독재적이며, 또한 집단 성과를 꼭 자기 이득으로 챙기기 때문에 공공의 직위에는 맞지 않는 성질입니다. 이득을 위한 궤계, 기모 권변, 모험 투기, 창의력 등의 사용이 모두 자기 몫으로 향하기 때문에 잘못하면 일을 크게 그르칩니다. 특히 무→신의 관계는 배수진까지 치고 악착같이 노력하는 형이므로, 나라까지 내 이

익의 항목에 넣고 설친 것입니다.

2) 민영환(辛←丙➡辛←甲)

첫번째는 신←병(辛←丙, 사주용어 : 정관)의 관계입니다. 원래 '정관'이라고 하면 법에 꼼짝 못하는 당위성의 소질입니다. 아무리 어린 사람이 말을 해도 그것이 법에 맞고 옳으면 그대로 굴복하는 소질입니다. 객관 공정하고 자기 것 양보해서 공정하게 만드므로, 요즘 세상에서 보면 손해 막심한 소질이죠. 정직 찾고, 예법 찾고, 규칙 찾고…… 도무지 내 한 몸 속박당하느라고 정말 살기 힘든 성질입니다. 그러니 나라가 결딴나는 것을 이런 사람이 그냥 넘어가겠습니까? 죽음으로 그 잘못된 뜻을 알리려고 한 것이죠. 특히 신←병의 관계는 법에, 국가에 절대 복종하는 형이므로 죽음도 불사한 것입니다.

두 번째는 신←갑(辛←甲, 사주용어 : 정재)의 관계입니다. '정재'라고 하면 근검 절약·정직·순서·규정 다 지키고, 실제로 땅 밟으며 경작을 하고, 성과를 올려야 딱 그만큼 밥 먹여 주는, 어떻게 보면 깍쟁이 같은 소질입니다. 요즘 세상에서 보면 한마디로 융통성 없이 꽉 막혔다고 하겠죠. 특히 신←갑의 관계는 이런 성질을 남한테 하는 것이 아니라, 오히려 남한테는 관대한 반면 자기나 자기 소속 조직에게 압박을 가하는 성격이 지나칠 정도입니다. 과도한 자기 간섭형이라고나 할까요. 이 성질이 자살로 이끌었을 확률도 있습니다.

세 번째는 신·신(辛·辛, 사주용어 : 비견)의 관계입니다. '비견'이라고 하면 자아의식과 자존심이 매우 큰 성질입니다. 그리고 자기 사람, 부하를 비상히 잘 돌봅니다. 상사에 항거하면서까지 부하를 챙기므로, 어떻게 보면 좀 손해를 보는 듯한 성질이죠.

소질 종합 판단

이완용은 겁이 많은 성질에다가 권력욕이 있으므로 자기보다 훨씬 큰 세력인 일본(처음에는 러시아에서 일본으로 옮기는 카멜레온적, 기회주의적 변신)을 등에 업고서 궤계 다변과 엉뚱한 아이디어 등으로 입신한 반면, 민영환은 법치 · 일편단심 · 자기 희생 등의 정신으로 나라가 잘못되는 것에 항거하여 자살했습니다.

소질표

라이벌	형 태	사주용어	특 징	형 태	급(A~D)
이완용	辛←丁	편관	겁쟁이, 권력주의	겁쟁이 항복형	B
	丁←己	편인	엉뚱 아이디어	졸렬형	D
	戊→辛	상관	창의력, 궤변 다단	배수진 노력형	B
민영환	辛←丙	정관	법치 관리	절대 복종형	B
	辛←甲	정재	자기 간섭(자해형)	자해적 간섭형	B

2. 욕망 검색

① 이완용(辛일에 未월)

첫째는 명예욕으로, 이것은 남을 이용해서라도 도장 하나로 사람을 부리고 싶은 욕망입니다. 특히 천간 기(己)에 투간(천간에 나타난 것)되어 있으므로, 그 명예욕은 동기 부여가 되어 철저해집니다.

두 번째 욕망은 권력욕인데, 이것도 천간에 정(丁)으로 나타나 있어 끝없이 동기 부여된 소질로, 세상에 출세로서 표현되었습니다.

그 다음은 사업욕으로서, 이것은 소질로서는 표현되지 않았습니다. 다만 잠재의식 속에서 무한한 시행 착오를 거듭하며, 물욕·재산욕으로 일생을 헤집고 다녔습니다.

② 민영환(辛일에 申월)

자존심과 자아의식을 최대로 살리면서 자기를 실행하는 욕망과 자기 표현, 자기 창조 욕망이 들어가 있습니다. 여기서 자기 표현 욕망은 투출이 안 되어 잠재의식 속에 들어가 있으므로, 시행 착오를 거치면서 취미 생활 등에 나타나곤 했을 것입니다.

3. 본능 검색

라이벌	동물이름	사주용어	겉에 보이는 것(방어용)	속에 숨긴 것(공격용)
이완용	말	오(午)	정직, 자유분방, 교제	두뇌 회전, 기지, 감수성
	양	미(未)	보수, 온화, 완고 친절, 인정미	분석력, 빈틈 없음, 노력파, 집요함
	돼지	해(亥)	맹렬, 고집, 돌진, 의지력	신경 예민, 정의감, 상상력
	닭	유(酉)	조급, 허영, 친절	두뇌 회전, 심미관, 이상주의
민영환	닭	유(酉)	조급, 허영, 친절	두뇌 회전, 심미관, 이상주의
	원숭이	신(申)	쾌활, 명랑, 친절	영리, 관찰력, 창의, 이해력
	돼지	해(亥)	맹렬, 고집, 돌진, 의지력	신경 예민, 정의감, 상상력
	말	오(午)	정직, 자유분방, 교제	두뇌 회전, 기지, 감수성

4. 개성 검색

라이벌	사주용어	태도(겉모습)	능력(속모습)
이완용	무(戊)	낙천적, 자기 중심, 명예	합리적 관리 능력(재물)
	기(己)	소극적, 내심 복잡	다재다예, 응변력
	신(辛)	허영, 자존심	두뇌 회전
	정(丁)	예의, 열정	주도면밀, 개혁 능력
민영환	신(辛)	허영, 자존심	두뇌 회전
	병(丙)	성급, 친절, 관대	이해력, 관찰력
	갑(甲)	정직, 도덕 중시	의지력, 강한 추진력

같은 신하의 반열에 선 사람으로서 이토록 선명하게 대비되는 인생을 산 예가 또 있을까요?

한 사람은 국가를 팔아 자기 자신의 영달을 꾀했고, 또 한 사람은 국가의 패망에 항거하여 자결로써 인생을 마감하였습니다.

결국 한 사람은 조상과 후대를 모두 망쳐 버린 '매국노'로, 다른 한 사람은 '충절의 애국자'로 역사에 영원히 남아 있습니다.

필자는 이완용이라는 사람을 전혀 이해할 수 없습니다.

국가를 팔아먹고도 잘살 수 있다는 망상을 어떻게 이해할 수 있습니까?

후세가, 역사가 넋놓고 가만히 있을 것이라고 생각했을까요?

흔히들 정부 고관들이 간혹 백성의 힘을 아주 형편없이 낮게 평가하는데, 바로 이런 것이 역사 의식이 전혀 없는 무식한 자들의 전형이 아닐까요?

역사에 무식한 자들, 백성의 힘을 과소평가하는 자들, 그들은 영원히 멸망한다는 진리! 그것을 이완용이 몸소 보여준 것이라고 생각합니다.

가장 간단한 진리는 "민심은 천심, 잘못하면 하늘과 민심으로부터의 철퇴"입니다. 위정자는 항상 민의, 천심을 깊이 헤아리고, 이를 존중하여 정치 행위를 해야 합니다. 이 철칙이 잘 지켜져야죠.

민영환

:: 박정희 VS 마르코스

자립국가 확립의 무한 경쟁자

.

　지금까지 많은 라이벌들에 대해서 독자들이 읽어 왔지만, 역사에서 큰 사건들을 일으킨 인물들은 대체 어떤 특징이 있을까요. 필자가 본 바에 의하면, 인간은 그 '욕망과 본능'으로 사업이나 전쟁 등 사건을 일으키고, 그 성패(成敗)는 '소질과 개성'에 의해서 좌우된다고 생각합니다. 특히 소질은 일의 성패에 결정적인 영향을 끼친다는 관점에서 볼 때, 가장 중요한 인간 감별 요인이라 하겠습니다.

　이제 소개하는 박정희 전 대통령과 필리핀의 마르코스 전 대통령은, 서로 비교되는 요소가 상당히 많은 인물들입니다. 똑같이 1917년에 태어나 비슷한 시기에 권력의 정상에 올랐으며(박정희 : 1961년, 마르코스 : 1965년), 둘 다 경제적 위기 극복과 국내 질서 확립 및 국제적 위상 제고 등에 큰 역점을 두었었죠. 또 권력의 정상에서 3선 개헌의 정치적 승부수를 걸었으며(한국 : 1969년, 필리핀 : 1973년), 장기 집권

(박정희 : 18년, 마르코스 : 21년)으로 국가를 다스리다가 비극적 결말을 맞이한 것도 비슷합니다.

이 두 사람은 서로 비교되는 것을 극히 싫어했을 정도로 라이벌 의식이 강했답니다. 여하간 이 두 인물에 의해서 한국과 필리핀은 세계에서의 위상이 크게 달라졌습니다. 우선 경제적 자립의 터전이 마련되었죠. 자본주의 세계 사회에서는 못 사는 나라, 원조로 먹고 사는 나라는 나라 취급도 받지 못합니다.

국제적 자립이란, 스스로 먹고 살 수 있는 경제적 독립 국가를 만들어 이것을 스스로 지킬 줄 아는 것을 말합니다. 또한 월남전에 파병함으로써 국제적으로 남을 돕는 국가라는 명성을 얻게 되었습니다. 이전까지 우리나라는 6.25 전쟁의 일로 남의 나라의 도움을 받고서야 살아남았다는 명에를 짊어지고 있었죠.

이 두 인물을 비교하면 매우 재미있는 사실을 알게 됩니다. 이 둘은 욕망과 소질이 서로 반대로 되어 있는 사주입니다.

	욕망	소질
박정희	개혁 창조	꼼꼼 관리
마르코스	꼼꼼 관리	개혁 창조

여하튼 개혁 창조와 성과물을 꼼꼼하게 챙기는 면에서 매우 닮았다고 하겠습니다. 그러나 개혁 의지는 욕망 편에 있는 박 대통령이 더 계속적이고도 집요하다고 하겠습니다(욕망 편에 창조 · 개혁 의지가 있는 대통령에는 현재의 노 대통령도 포함되어 있음. 단 소질 면에서 박 대

통령은 성과·실물 경제를 챙기는 반면, 노 대통령은 이념·기획·아이디어를 중시하는 소질임).

자, 그러면 이 두 사람을 운명요소(사주명리학)로 비교하겠습니다.

① 박정희
생년월일 1917년 11월 14일 인시
운명요소 정사년 신해월 경신일 무인시(丁巳年 辛亥月 庚申日 戊寅時)

② 마르코스
생년월일 1917년 9월 11일 묘시
운명요소 정사년 기유월 병진일 신묘시(丁巳年 己酉月 丙辰日 辛卯時)

1. 욕망 검색

먼저 이들이 무엇을 하려고 했는지를 욕망으로 알아보기 위해 검색을 실시합니다.

① 박정희(庚일에 亥월)

이 욕망에는 창조, 개혁, 자기 표현, 인기욕 등이 들어 있습니다. 이 욕망이 소질에 나타나면(사주용어 : 천간 투출, 天干 透出) 주로 예술가나 기술 발명가가 됩니다만, 소질에 투출되지 않았으므로 취미 생활에서 이를 나타내든가 그렇지 않으면 개혁으로 나갑니다.

② 마르코스(丙일에 酉월)

이 욕망은 재산, 재물, 실적, 성과를 꼭 챙겨야 하는 강한 욕망입니다. 소위 재물욕 · 물욕을 뜻하고, 또 철저한 손익 계산을 해야 직성이 풀리는 욕망입니다. 게다가 소질에 신(辛)으로 투출되어 강한 동기부여가 되고 있습니다.

욕망 종합 판단

중단 없는 전진, 개혁은 박 대통령의 욕망에서 가장 강한 뜻을 갖고 있습니다. 그리고 그것은 소질의 성과 챙기기로써 마무리되므로 경제 면에서 가장 두드러진 결과가 나오게 되어 있죠.

마르코스는 한마디로 생산업체를 차렸으면 크게 성공하는, 제조생산업체 사장 사주입니다.

2. 소질 검색

① 박정희(丁➡辛←庚←戊)

선천 소질에는 정➡경(丁➡庚, 사주용어 : 정재)의 관계가 있습니다.

이 '정재'의 특징은 근검 절약과 정직함을 고집하고, 순서 규정을 까다롭게 지킨다는 것입니다. 일 안 하면, 특히 땀 흘려 일하지 않으면 먹지 말라는 식의 철두철미한 성과 위주의 성질입니다. 열성적으로 일에 몰두하고, 노고와 원망을 전혀 두려워하지 않습니다.

후천 소질에는 3가지가 있습니다.

첫째, 경←정(庚←丁, 사주용어 : 정관)의 관계입니다.

선천 소질의 정재 관계가 그대로 거꾸로 후천 소질에 작용한 것입니다. 객관·공정하고 귀납적 관리 능력을 갖고 있습니다. 항상 집단 조직이 나아갈 방향을 당위성으로 결정하고, 광명 정대하게 나갑니다.

둘째, 경←무(庚←戊, 사주용어 : 편인)의 관계입니다.

이 소질은 표절·답습을 싫어하는 독창성, 기발한 아이디어 창출력, 이해력을 최고로 하는 소질입니다. 그 대신 말주변도 토론도 싫어하는 내향적 소질입니다.

셋째는 경→신(庚→辛, 사주용어 : 겁재)의 관계입니다.

이 소질은 자기에게 박하고 남에게 이득 주는 것을 좋아합니다. 진취적이고 모험적이나 남에게 지고는 못 사는 성격이 다분합니다.

② 마르코스(丁←己←丙→辛)

선천 소질에는 정←병(丁←丙, 사주용어 : 겁재)의 관계가 있습니다. 자기에게 박하고 남에게 이득 주는 것을 좋아합니다. 진취적, 모험적이나 경쟁심이 굉장한 고집불통입니다.

후천 소질에는 2가지가 눈에 띕니다.

첫째는 병→기(丙→己, 사주용어 : 상관)의 관계입니다. 보통 이 '상관'이라는 것은 창조, 창의, 개혁을 뜻합니다. 외향적이고 기세가 등등하며, 자기 개인의 이득을 위해 집단 조직을 이끌고 가는 소질입니다. 그러므로 집단 구성원을 속이든 꾸짖든, 자기 이득에 결부되도록 철저하게 부하를 이용하는 타입입니다. 말주변 좋고 궤계 다단하며 상대방의 약점도 찌를 줄 아는, 영명 예리한 대단한 성질입니다.

둘째는 병→신(丙→辛, 사주용어 : 정재)의 관계입니다. 박 대통령의 정재 성격과 같습니다. 단 박 대통령의 정재(丁➡庚 관계)는 사람 훈련을 잘 시켜서 둔재를 천재처럼 쓰는 재주와 일을 수행할 때 실패를 성공으로 돌리는 '실리 위주'의 정재인 반면, 마르코스의 정재(丙➡辛 관계)는 인간 상하 관계를 특별히 강조하면서 사람을 부리는 '명분 위주'의 정재입니다.

소질표

라이벌	형 태	사주용어	특 징	소질형(급수)	
박정희	庚←戊	편인	기발 아이디어, 독창성	적극 찬스형	B
	庚➡辛	겁재	공동, 협동	공동 협동형	C
	庚←丁	정관	법치 관리	영리 자제형	B
	丁➡庚	정재	꼼꼼 계산, 근면 절약	지도 간섭형	C
마르코스	丙➡己	상관	창의, 창조, 생산	노력 창조형	B
	丙➡辛	정재	꼼꼼 계산, 근면 절약	명분 간섭형	C
	丁←丙	겁재	공동, 협동	곤동 협동형	C

3. 본능검색

① 박정희(巳←亥←申➡寅)

뱀띠(巳)의 조심성·탐색성, 돼지띠(亥)의 저돌성과 원숭이띠(申)의 방어적 관찰력, 범띠(寅)의 공격적 관찰력이 대단한 본능입니다.

② 마르코스(巳➡酉⬅辰➡卯)

뱀띠(巳)의 조심성·탐색성, 닭띠(酉)의 머리 회전과 용띠(辰)의 이상향과 시원시원함, 토끼띠(卯)의 꾀가 합쳐진 본능입니다.

▌본능 종합 판단

박 대통령은 일의 수행을 위해서 반드시 필요한 본능으로 이루어져 있으나, 마르코스는 자기 자신을 위한 닭띠와 꾀의 토끼띠가 있습니다. 자기 자신을 위해서는 마르코스가 더 유리한 본능이라 하겠습니다.

본능표

라이벌	동물이름	사주용어	겉에 보이는 것(방어용)	속에 숨긴 것(공격용)
박정희	뱀	사(巳)	온화, 교제, 상대방 이해	임기응변, 감수성, 의심, 조준 사격
	돼지	해(亥)	맹렬, 고집, 돌진, 의지력	신경 예민, 정의감, 상상력
	원숭이	신(申)	쾌활, 명랑, 친절	영리, 관찰력, 창의, 이해력
	범	인(寅)	자존심, 대담, 기지, 인내력	관찰력, 심모 원려
마르코스	뱀	사(巳)	온화, 교제, 상대방 이해	임기응변, 감수성, 의심, 조준 사격
	닭	유(酉)	조급, 허영, 친절	두뇌 회전, 심미관, 이상주의
	용	진(辰)	시원시원, 딱 부러짐, 적극적	감각적, 두뇌 총명, 실행력
	토끼	묘(卯)	낙천적, 명랑, 침착	기회주의, 꾀, 심사 세밀

4. 개성 검색

라이벌	사주용어	태도(겉모습)	능력(속모습)
박정희	정(丁)	예의, 열정, 희생	주도면밀, 개혁 성향
	신(辛)	허영, 자존심	두뇌 회전, 거절 의지 약함
	경(庚)	민감, 의협심	능변, 이해력, 과단력
	무(戊)	낙천적, 자기 중심, 명예	합리적 관리 능력
마르코스	정(丁)	예의, 열정, 희생	주도면밀, 개혁 성향
	기(己)	소극적, 내심 복잡	다재다예, 응변력
	병(丙)	성급, 친절, 관대	이해력, 관찰력
	신(辛)	허영, 자존심	두뇌 회전, 거절 의지 약함

아마 이토록 역사적으로 상반된 평가를 받는 인물은 없을 것입니다.

그만큼 그들 인생의 명암이 국가의 운명에 막대한 영향을 끼쳤기 때문이죠.

박정희

박 대통령은 그 개인으로 볼 때 그다지 행복한 삶을 살지는 못했습니다. 가난했던 어린 시절은 대부분의 그때 사람들이 같이 겪었던 일이었고, 우리 자신의 국가가 없었던 일제 시대의 청년으로서 앞날에 대한 방황과 가치관의 혼돈 등도 이 땅의 많은 아버지, 어머니들이 똑같이 겪었던 힘든 삶이었습니다.

사주 명리학으로 본 박 대통령의 전반부 인생은 '환경 적응력 부족'으로 인한 실패가 주류를 이루고 있습니다. 연애, 군 생활 모두가 세상과 썩 잘 어울리는 선택이 아니었다는 것이죠.

그러나 40세 이후의 그의 삶은 한 국가를 혼자 힘으로 띠받쳐야 한다는 과

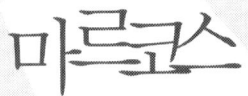

중한 임무로 다시 얼룩지기 시작했습니다.

"잘살아 보세!" 이것 하나만을 위한 직선적·저돌적 돌진! 우회할 시간도 뜻도 없고, 가로막는 것이 무엇이든지 깨어 부수고 오로지 전진, 전진! 밟고 지나간 흔적에 대한 반성도 없이, 받쳐서 넘어진 사람에 대한 치유도 모두 뒤로, 후세에 남겨둔 채, 그저 앞만 보고 달려 온 18년…… 그러나 그의 소명과 의무는 부르터스(?)의 역할을 자임한 김재규의 총탄으로 멈춰 섰습니다.

"가난은 나랏님도 구제할 방법이 없다"던 옛말을 "가난은 나랏님이 구제해야 할 절대적 대과제요, 또 구제할 수 있다"라고 바꿔 버린 대통령.

그러나 그에게 짓밟혔던 '민주주의의 참된 가치관'은 이제 새롭게 정립될 역사적 순간에 도달했습니다.

옛날 중국의 명재상이었던 관중은 이런 말을 했습니다. "백성은 배가 불러야 예의 염치를 안다"라고요. 배고픈 백성은 사람보다는 동물에 가깝다는 말입니다. 이제 우리는 기아에 허덕이던 배고픈 동물에서 배부른 백성으로 다시 태어나고 있습니다.

이제 예의 염치를 아는 국민이 되었으니, 바로 이제부터 참된 민주주의를 싹트게 해야 하지 않을까요?

천재 경영과 천재 감별법

지난번 어느 유명 일간지에 국내 최대 기업 총수가 "앞으로는 천재 경영만이 세계 경제 시장에서 살아남을 수 있는 유일한 길"이라고 갈파한 기사를 본 적이 있습니다. 사실 인석 자원밖에 없는 우리나라에서 천재라도 많아야 그 살벌한 세상을 헤쳐 나갈 수 있겠지요. 아시아만 해도 일본을 위시해서 싱가포르, 홍콩, 대만과의 경쟁이 힘겹기만 한데, 또 중국이라는 거대 국가가 여기에 가세하고 있으니 향후 10년을 정말로 보장하기 힘들게 된 것이 사실입니다. 자고로 중국은 부국강병과 적재적소를 국가 경영 목표로 삼아 백성을 다스렸으니, 앞으로 우리나라에 어떤 곤란사를 안겨 주게 될지 큰 걱정입니다.

그런데 문제가 하나 있습니다. 천재란 무엇이며, 어떻게 발탁해서 어느 부문에서 키울 것이며, 어떤 교육으로 실력을 향상시킬지 누가 알 수 있겠느냐는 것입니다. 이런 모든 일을 알아야 천재 경영이 되는 것이 아닐까요? 천재란 무엇입니까? IQ나 EQ가 높은 사람일까요? 아니면 다른 감별법이 있는 걸까요?

백과사전을 보면 '천재란 선천적으로 극히 뛰어난 정신 능력을 갖고 태어난 사람, 특히 창조 능력과 아이디어 생산 능력이 뛰어난 사람을 말한다'고 나와 있습니다. 정신적 특성으로서는 마음이 불안정할 때가 많고, 과민하며, 또 모순적인 성격을 갖고 있다고 했습니다. 사실 우리는 학교 다닐 때부터 각종 심리 검사와 능력 검사들을 많이 받아 보았지만, 과연 천재를 이런 방식으로 가려낼 수 있는 것인지 확신이 가지 않았습니다. 그러나 사주명리학, 특히 투파십간사주명리학에서는 확실히 천재를 가려냅니다.

이제 천재의 종류와 천재 감별법에 대해서 설명하고, 이 세상 최고의 천재인 아인슈타인에 대해서 천재 감별을 실시하겠습니다.

투파십간사주명리학에서는 10개 부문의 소질별로 천재를 가려낼 수 있습니다.

① 기술 창조 개발형 ② 예술 창조 개발형 ③ 기발 반짝 아이디어형 ④ 자료 수집 아이디어형 ⑤ 영업 마케팅 능력형 ⑥ 재무 회계 능력형 ⑦ 시장 개척 보스형 ⑧ 행정 능력 리더형 ⑨ 독립 자영업형 ⑩ 공동 투자 사업가형 등인데, 이 가운데 창조성은 ①번과 ②번, 아이디어 생산성은 ③번과 ④번의 사람들입니다.

①과 ②의 창조성이란 무(無)에서 유(有)를 만드는 재주를 말하며, ③과 ④의 아이디어 생산성이란 유(有)에서 좀더 좋은 유(有)를 만드는 것을 뜻합니다.

기타 ⑤~⑩까지에서도 영업 · 관리 면 등의 천재를 가려낼 수 있습니다. 어느 회사든 어느 정부 조직이든, 이 표에 나타난 인물들을 우선적으로 발탁하여 교육시키면 조직 발전에 괄목할 만한 성과가 있을 것이며, 결국 국제적 경쟁 면에서나 또 상대 회사와의 경쟁에서도 압도적 우세를 점할 수 있을 것입니다.

아무리 굴지의 최대 기업이라 해도 천재 감별을 제대로 못하면 앞날에 아무 희망이 없을 뿐더러 잘못하면 이류, 삼류로 떨어지고 맙니다.

참고로 이들 천재의 능력을 세분하여 설명해 보겠습니다.

① 기술 창조 개발형

▌ 관리 능력 면에서는 극히 외향적이며, 기세 등등하고 독선적이며, 이익을 향해 움직입니다. 집단 성과를 자기 이익과 연결시킬 줄 아는 편이며, 목표 · 창의 · 성취감을 갖고 자기 위주로 조직을 관리합니다.

▌ 돈버는 능력은 총명 영리하고 쇠가 있으며, 창의력으로 이익 추구를 합니다. 환경 적응력과 모험 투기 정신이 있고, 말주변이 좋아 성과가 좋으나, 가끔 공상으로 사상누각을 꿈꾸는 일도 있겠습니다.

▌ 기타 중재 능력에서는 도도한 말주변과 양측의 약점을 찌르면서 해결하며, 사교력은 자유 자재를 좋아하여 너무 나서서 설쳐대는 수가 많으며, 기획 능력 면에서는 기술적 · 미술적 창의력이 풍부하여 성공할 수는 있겠으나, 너무 최고가 되려는 욕심으로 주위에 많은 적을 만들 수 있습니다.

② 예술 창조 개발형

▍관리 능력 면에서는 온화하고, 상대 입장을 고려한 조화를 중시하며, 이심전심으로 부하에게 다가가는 등 사물과 인간 관계를 중시합니다. 즉 경작은 어떻게 했냐고 물어도 수확은 얼마나 했느냐고 확인을 안 하고 부하를 믿는 관리를 합니다. 그러므로 조직 내에서 청결재 · 윤활유 역할은 해도, 압력 · 효율 · 목표 의식 등이 결여되어 위기에는 약한 성질을 보입니다.

▍돈버는 능력은 친절 · 인화를 중시하고, 고객 확보에 비상한 재주가 있으며, 모험보다는 현금 위주로 착착 진행하므로 좋은 편입니다.

▍중재 능력과 언어 전달 능력이 좋고, 사교력에서도 양보심과 마음을 주는 청량제 역할을 하므로 매우 좋은 편입니다. 기획력도 세밀하여 예술성 있게 창의력을 발휘하는데, 특히 예술적 감수성, 감정적 정서, 문필력 등에 있어서 양호합니다.

③ 기발 반짝 아이디어형

▍관리 능력 면에서는 독자적 성향이 강하여 잘못하면 독선적일 때가 많습니다. 자기를 추종하는 무리만으로 조직체를 꾸려 나갈 우려가 있습니다.

▍돈버는 능력에서는 이해력과 영오력이 뛰어나고, 하나를 가르치면 열을 안다는 똑똑한 능력이므로 두뇌 운용(사고 · 기획 · 아이디어 · 발명 등)으로 돈을 벌 수 있습니다.

▍기타 발명 능력은 최고이고, 냉정 · 노련하므로 요즘의 벤처 사업

가에 적성이 있다 하겠습니다.

④ 자료 수집 아이디어형

▌관리 능력 면에서 독재도 민주도 아닌 방임형으로, 우수한 부하들이 많은 대조직체에서는 좋으나, 별볼일 없는 회사나 작은 조직체에서는 매우 힘들게 생활합니다. 잘못하면 남 놓아 기르다 자기가 피해를 볼 수 있겠습니다.

▌돈버는 능력에서는 계교를 싫어하고 투쟁도 싫어해서 너무 경쟁적인 사업에는 안 맞지만, 생산 제조 계통은 그래도 적성이 맞는다고 하겠습니다.

▌기획 능력 면에서 자료 수집 능력과 취합 능력이 뛰어나고, 각종 이론에 대한 이해 흡수력이 우수하므로 꾸준한 연구에 매달리는 성격이 돋보입니다.

다음 표는 소질로 본 천재 사주와 욕망으로 본 천재 사주인데, 특히 욕망 면에서는 강력한 동기 부여를 해준다는 뜻입니다.

표 보는 법　　일간과 월간, 시간은 만세력(책자나 컴퓨터에 있음)에서 생일로 찾는다. 인터넷 검색 사이트에서 검색어 '만세력'을 치고 각자의 생일을 입력하면 알 수 있다.

예) 84년 8월 7일 오전 5시이면 甲子年 壬申月 丙子日 庚寅時가 되며, 여기서 일간은 丙, 월간은 壬, 시간은 庚이 되고, 월시는 신월(申月)이 된다.

소질로 본 천재

일간 월간 시간	甲	乙	丙	丁	戊	己	庚	辛	壬	癸
甲				④ A						
乙				③ A						② A
丙	② A	① A			③ A^-	④ A				
丁	① A^-	② A								
戊				① A^{++}			③ A	④ A^+		
己			① A	② A^+			④ A			
庚					② A	① A			③ A	
辛					① A					
壬		④ A^-					② A	① A^+		
癸	④ A^-	③ A^-								

①기술 창조 개발형 ②예술 창조 개발형
③기발 반짝 아이디어형 ④자료 수집 아이디어형
A^{++} 최고 천재, A^+ 천재, A 영재, A^- 준영재

욕망으로 본 천재

일간 월지	甲	乙	丙	丁	戊	己	庚	辛	壬	癸
子	아	아								
丑			창	창+			아			
寅				아						
卯				아						창
辰				창++			아	아+		
巳	창	창			아	아				
午	창									
未			창	창+			아			
申					창	창			아	
酉					창					
戌				창++			아	아+		
亥		아					창	창+		

창 : 창조형, 아 : 아이디어형

자, 이제 아인슈타인을 예로 들어 보겠습니다.

알버트 아인슈타인

생년월일 1879년 3월 14일 오시

운명요소 기묘년 정묘월 병신일 갑오시(己卯年 丁卯月 丙申日 甲午時)

1. 소질 검색

아인슈타인 (己 ➡丁 · 丙 ➡甲)

소질 표에서 보면 병➡기(丙➡己)는 창의 창조 능력형으로서 A급을
나타냅니다. 또 역으로 기←병(己←丙)도 자료 수집 아이디어 형으로
서 발견 등에 천재적입니다. 즉 소질 검색에서 보면 창조 창의력과
아이디어 능력을 모두 구비한 A급 천재로 나타납니다.

2. 욕망 검색

아인슈타인 (丙일 卯월)

자료 수집 및 아이디어 생산에 강한 동기 부여를 주는 욕망이며(사
주용어 : 인수), 또 천간 투출(천간에 갑의 뿌리로 작용)되었으므로 그 아
이디어 생산 능력은 가공할 만합니다.

최대의 과학자이면서 종교인, 나는 그가 한 다음의 말을 정말 좋아합니다.

"과학이 없는 종교는 장님이며, 종교가 없는 과학은 절름발이이다"라는 명언 말입니다.

과학과 종교라는 쌍지팡이로 인생을 살아간 그의 평화로운 웃음, 여유 있는 태도, 욕심 없는 인생…… 부(富)도, 귀(貴)도, 그의 초연함에는 아무런 영향도 주지 못했죠.

정말 존경합니다. 그의 인생을…….

아인슈타인

소질로 본 역사적 인물들

지금까지 읽어 오면서 필자가 얼마나 '소질'을 중요시하는지 대충 아셨으리라 생각합니다. 물론 인간을 알려면 소질뿐 아니라 욕망·본능·개성 등을 모두 구체적으로 알아야 하겠지만, 다른 요소들에 비해서 이 '소질'만큼은 가장 객관적(나도 알고 있고 남도 알아차리기 쉽다는 뜻으로 사용함)이므로 그만큼 인생의 성패(成敗)를 가늠하기가 쉽다 하겠습니다.

나머지 요소들인 욕망·본능·개성 등은 주관적 개념(자기만 알고 남은 알아보기 어려운 것, 혹은 자기 자신마저도 잘 모르는 수가 많음)이어서, 일의 성패보다는 일을 일으키는 데 큰 역할을 하게 되기도 합니다. 일단 총 20여 명이 소개되었는데요, 이들을 소질별로 한번 취합해 보기로 하겠습니다. 이렇게 중간 취합을 하는 이유는, 독자 여러분들이 이 '소질' 항목만큼은 빨리 습득해서 실제 사용할 수 있도록 하자는 데 그 뜻이 있습니다.

게다가 직업과 진학 문제가 이제는 큰 사회 문제로까지 대두되는 시점이므로, 대학 진학 지도나 직업 선정에 가장 확실한 도움이 되리라 믿으면서 이 자료를 공개합니다. 독자 여러분도 잘 아다시피 일생의 직업과 연관되는 학과 선택의 중요성은 아무리 강조해도 모자랄 지경입니다. 최근 우리나라 학생이나 학부모들이 학과 선택하는 유형을 보면 다음의 3가지가 있습니다.

첫번째는 그 시대에 가장 인기 있는 직종을 선택하는 것입니다. 한동안 의사나 판·검사 등의 인기가 높았던 것이 그 예라고 하겠는데, 단지 성적이 좋거나 공부를 잘한다고 무조건 자기 소질과는 상관없이 선택하곤 합니다. 물론 돈 잘 벌고, 지위 높아지고, 안정된 직업으로는 좋겠죠. 그러나 자기와 맞지 않는 생활을 일생 동안 한다고 생각하면 진땀이 다 납니다.

두 번째는 또 반대로 성적이 나쁘나고 아무 데나 성적에 맞추어 선택하는 예입니다. 이 두 번째 방법이 의외로 요즘 세상에서 많이 선호되고 있는데요, 결국 자기 인생이 아닌 남의 인생에 들러리 서다가 생을 마감한다고 보면 됩니다.

세 번째는 자기 소질에 맞는 선택을 하는 예입니다. 이 방법이 일생을 가장 재미있게, 또 무리하지 않고 살 수 있는 방법이 되겠습니다. 다만 소질 판단하는 방법의 적합성이 문제가 되긴 합니다만, 그것도 크게 걱정할 필요가 없습니다.

아마 학창 시절 때 능력 검사, 적성 검사, 심리 검사를 많이 받아 보았을 것입니다. 그러나 상당 부분이 본인 스스로가 작성한 데이터를 근거로 삼아, 즉 주관적인 데이터에 힘입어 결론을 도출해 내는 방법을 사용하므로, 완전히 객관적이라고는 말할 수 없습니다.

동양에는 전통적으로 사주명리학으로 소질 판단을 하고 있는데, 특히 투파십간사주명리학의 비법이 유명합니다. 조금 더 부연 설명을 하자면, 일반 오행사주에서는 '소질'보다는 '욕망'을 알아보는 것에 더 중요성을 두기 때문에 이 점에서 차이가 많이 난다고 해도 과언이 아닙니다(필자는 십간사주와 오행사주를 통합해서 이를 '소질'과 '욕망'으로 분류하였음).

자, 이제 소질에 맞는 적합한 직업과 학과 선택에 대해서 설명하고, 총 18명의 라이벌들의 소질을 분류하겠습니다.

사람의 소질을 나누는 데는 여러 가지 방법이 있겠으나, 사주명리학에서는 크게 10가지 정도로 대별합니다(구체적으로는 100가지 정도로 나눌 수 있음). 이는 특히 현대 산업 사회에서 요구되는 소질·성격과도 맞아 떨어집니다. 첫째는 관리자 사주로 리더형과 보스형, 두 번째는 재물 사주로 축재형과 사업가형, 세 번째는 예술·창조가 사주로 예술 창조가형과 기술 창조 개발형, 네 번째는 기획·아이디어 사주로 교육가형과 벤처 사업가형, 다섯 번째는 주체적 추진자 사주로 독립 자영업형과 공동 투자가형 등입니다. 이를 약술하면 다음과 같습니다.

① 관리자 사주 중에서 행정 관리 리더형

학창 시절에는 모범생, 사회에 나와서는 신사형입니다. 객관·공정하고, 규칙·규범을 잘 지키며, 민주적인 영도 능력이 있습니다.

정당하게 법을 지켜 가며 생활하므로 기교가 요구되는 사업이나 돈 버는 일에는 적합하지 않고, 법조계(판사), 공무원, 은행원, 대기업 인사 관리 쪽이 맞다고 하겠습니다.

② 관리자 사주 중에서 시장 개척 보스형

야성형. 사명감이 있고, 지기 싫어하며, 경쟁심이 있고, 고생고생해서라도 꼭 일을 이루고야 마는 성격입니다. 돈버는 일도 고생을 마다하지 않고 매진하며, 통찰력과 집행 능력이 강해 큰 사업이나 정치에도 잘 맞습니다. 즉 군경 계통, 검찰, 의사, 정치가, 사업가 등이 맞습니다.

③ 재물 사주 중에서 재무 관리 축재가형

꼼꼼하고 계산적이며, 손해 보는 일은 하지 않습니다. 근검 절약, 성실하며, 순서 규정을 다 시키고 착실하게 재물을 축적하는 성격입니다. 은행원, 돈 관리, 경리 계통이 최적격이라 하겠습니다.

④ 재물 사주 중에서 영업 능력 사업가형

영업 능력과 교제 능력이 최고이며, 다방면에 취미가 있는 팔방미인형입니다. 속전속결형. 실행 순서에 착착 맞게 일하고, 친구가 많아 그 속에서 얻은 정보로 기회를 잡아 사업하는 재주가 있습니다. 직업은 사업가가 최고이고, 토목 · 건축 · 금융 · 유통업 등에서도 영업 능력을 크게 인정 받습니다.

⑤ 예술 · 창조가 사주 중에서 예술 창조가형

온화하면서도 표현력이 좋습니다. 예술적 재능과 창조 능력이 있습니다. 상대 입장을 생각해 조화를 중시하고 투쟁을 싫어합니다. 친절, 인화를 중시하므로 고객 확보나 접대 능력이 좋습니다. 예술, 문학, 건축, 상업, 서비스업에 적당합니다.

⑥ 예술 · 창조가 사주 중에서 기술 창조 개발가형

외향적이며 기세가 등등하고, 총명 · 영리하며, 꾀가 많고 창의력이 풍부합니다. 손재주 · 말재주 · 글재주가 있고 사교력도 있으나, 너무 나서기를 좋아하여 가끔 탈이 납니다. 과학 기술, 예술, 언론, 정치, 교육, 수학, 물리학에 적합합니다.

⑦ 기획 · 아이디어 사주 중에서 자료 수집 기획가형

총명하고 지혜롭고 인자하며, 학식이 풍부합니다. 인정과 체면에 얽매이나 인내심 있게 연구하는 일에 알맞습니다. 각종 의견, 문서 취합 능력이 탁월합니다. 관리 능력 면에서는 독재도 민주도 아닌 방임형이므로 인기는 있으나 모질지 못해 손해를 봅니다. 학자, 심리학, 생화학, 교육, 문학, 물리학, 공무원, 교사 등에 알맞습니다.

⑧ 기획 · 아이디어 사주 중에서 기발 깜짝 아이디어형

이해 흡수력이 강하고 창작 기획력, 아이디어 능력이 뛰어납니다. 그러나 내향적이고 과묵해 사교력이 떨어지고, 독선적이라 관리 능력은 떨어집니다. 철학, 의학, 교육, 전자, 물리, 자유업, 연예계, 기획 부문 등에 적합합니다.

⑨ 주체적 추진자 사주 중에서 공동 투자가형

진취심과 자기 포장, 질투심이 강하며, 행동이 과감하고 과단력과 외교력도 풍부합니다. 임기응변에 강하고, 불로소득을 노리며, 심사숙고보다는 행동이 먼저인 성격입니다. 공동 투자 사업, 현장 관리, 운동, 정치, 종교, 기술, 위탁업, 장식품, 음식점 등이 적합합니다.

⑩ 주체적 추진자 사주 중에서 독립 자영업형

자아의식과 독립심이 강하고, 이기적인 측면이 있습니다. 자신감과 임무 달성에 철저하나 개성이 강해 사교력이 좀 부족합니다. 자유업, 독립 경영자, 양재, 다도, 무용, 조각, 운동 등이 적합합니다.

①행정 관리 리더형, 모범생형
  공무원, 법조계, 대기업 관리자, 법률, 심리학, 교육, 정치, 상업
②시장 개척 보스형, 야성형
  군검경찰계, 중소기업사장, 정치가, 정치, 수학, 물리학, 건축, 생화학
③재무 관리 축재가형, 꼼꼼형
  은행, 경리, 대기업 자금 관리, 상업, 의학, 법률, 공과계통
④영업 능력 사업가형, 팔방미인형
  영업 관리, 시장 관리, PD, 상업, 연예인
⑤예술 창조가형

연예, 예술, 고객 관리, 문학, 건축, 상업, 서비스업

⑥기술 창조 개발가형, 언론가형

예술, 창조 개발, 개혁가, 평론, 연예인, 수학, 물리학, 건축, 상업

⑦자료 수집 기획가형, 교육가형

교육, 문학, 서비스업, 수학, 심리학, 생화학, 물리학

⑧기발 깜짝 아이디어형, 벤처가형

의학, 철학, 교육, 정치, 대중 광고

⑨공동 투자가형

투기업, 외교관, 운동, 정치, 종교, 위탁업

⑩독립 자영업형

운동, 자유업, 양재, 다도, 무용, 조각

일간 시간	甲	乙	丙	丁	戊	己	庚	辛	壬	癸
甲	10	9	8	7	2	1	4	3	5	6
乙	9	10	7	8	1	2	3	4	6	5
丙	5	6	10	9	8	7	2	1	4	3
丁	6	5	9	10	7	8	1	2	3	4
戊	4	3	5	6	10	9	8	7	2	1
己	3	4	6	5	9	10	7	8	1	2
庚	2	1	4	3	5	6	10	9	8	7
辛	1	2	3	4	6	5	9	10	7	8
壬	8	7	2	1	4	3	5	6	10	9
癸	7	8	1	2	3	4	6	5	9	10

표 보는 법 연간, 월간, 일간, 시간은 만세력에서 생년월일로 찾는다. 인터넷 검색사이트에서 검색어 '만세력'을 치고 각자의 생년월일을 치면 알 수 있다.

예)84년 8월 10일은 甲子年 壬申月 丙子日이며, 여기서 월간은 壬, 일간은 丙이므로 2형에 속한다.

소질로 본 역사적 인물들

소질형	1	2	3	4	5	6	7	8	9	10
홍선대원군	○				○			○	○	
명성황후						○	○			○
롬멜		○		○			○			
패튼	○		○							
이병철				○	○			○		○
정주영	○		○							
이멜다					○				○	
박마리아		○		○					○	
에비타						○				○
대처	○	○	○							○
마키아벨리	○		○						○	
비스마르크	○		○						○	
히틀러					○	○	○		○	
처칠		○	○	○					○	
세종	○		○		○	○				
황희		○				○				○
박정희	○		○					○	○	
마르코스			○			○			○	

:: 공자 VS 주자

인류의 정신을 최대로 계발한 천재들

공자와 주자를 논하기에 앞서 중국의 사상에 대해서 조금 언급하겠습니다.

예로부터 중국에는 세상을 보는 2가지의 틀이 있었습니다. 그 하나는 유심론이요, 다른 하나는 유물론입니다. 잘 아시다시피 유심론은 우주 만물의 실재는 정신적인 것이며 물질적인 것은 그 현상에 지나지 않는다고 보는 이론이요, 유물론은 영혼이나 정신의 실체보다는 우주 만물의 실재는 물질이라고 보는 이론입니다. 사실 어느 한쪽의 눈으로 세상을 보는 것보다 이 두 가지 틀로 보아야 할 것입니다. 유심론은 종교에 가깝고, 유물론은 과학에 가까운 관점이기 때문이죠. 아인슈타인은 이런 말을 했습니다. "과학이 없는 종교는 장님이며, 종교가 없는 과학은 절름발이이다"라고 말입니다.

여기서 유심론은 주로 시경(詩經)과 서경(書經)에서, 그리고 유물론은 역경(易經)에서 그 뿌리를 찾을 수 있겠습니다. 간단히 설명하면, 시경에서는 '천도(天道)'라 하여 형이상학적 하늘은 큰 덕(德)을 의미한다고 했으며, 서경에서는 민의(民意)가 천의(天意), 즉 '민심은 천심'이라고 하여 정치사상적 하늘을 설정했습니다. 둘 다 인격신(人格神)이라고 할 수 있죠. 유물론은 주로 역경에서 논해지는데, 우주 질서를 인생 과정과 상응시켜 세밀하게 설명하고 있습니다.

사주명리학도 바로 이 역학에 근거를 둔 유물론적 사고 패턴입니다. 즉 우주의 발생과 소멸에 관한 심오한 법칙이지요. 서양 천문학에서 말하는, 빅뱅에서 시작하여 블랙홀로 사망하기까지가 거의 비슷하다는 말씀입니다.

한 점의 특이점인 원시 달걀(Cosmos Egg)인 계수(癸水)에서 시작한 우주는, 갑목(甲木)으로 폭발되어(Big Bang) 병화(丙火)로 무한정 뻗어나가다가 무토(戊土)로 확장 완료됩니다. 이렇게 확장된 우주가 그 분신력의 극(極)에 달해 그 힘을 소실하게 되면 점차 경금(庚金)으로 수렴수장되고, 다시 한 점인 계수(癸水) 블랙홀로 돌아오게 된다는 것입니다. 한마디로 말한다면 '분출→확장→수렴→응고→분출의 순환부단(循環不斷)'이라는 것이죠.

이 우주의 순환 과정 패턴이 우주 속에 있는 모든 무생물과 생물에 적용되고, 거기에 사람도 예외일 수 없다는 것입니다. 특히 사람과 같은 감각(오관)을 지닌 인식계(認識界)의 종(種)들은 더 예민하여, 우주의 운행·변환·기운에 완전한 지배를 받는다는 이론입니다. 결국 이 사주명리학은, 우주의 변환 과정을 그대로 따르는 인생 과정을 유물론적으로 해석하는 학문이리 하겠습니다.

즉 사주명리학은 우주 순환의 과학적 해석 방법을 동양 과학적 눈과 언어로 표현한 학문이라 하겠습니다. 유심론을 대표하는 중국의 학자는 성인 칭호를 받는 공자요, 유심론과 유물론을 함께 아우르는 실력을 발휘한 사람이 바로 주자로서 주자학을 구축한 분입니다.

이 두 분을 운명요소로 비교해 보겠습니다.

① 공자

운명요소 경술년 을유월 경자일 무인시(庚戌年 乙酉月 庚子日 戊寅時)

② 주자

운명요소 경술년 병술월 갑인일 경오시(庚戌年 丙戌月 甲寅日 庚午時)

1. 소질 검색

① 공자(庚➡乙⬅庚⬅戊)

앞서 서술한 〈천재감별법〉에서 경⬅무(庚⬅戊)의 관계는 3형 A급이었습니다. 3형은 기발 반짝 아이디어형(사주용어 : 편인)으로서 독자적 성향이 매우 강하여 잘못하면 독선적일 때가 많고, 조직체를 자기 추종 세력으로 만들어 꾸려 나갈 우려가 많다고 했습니다. 아마 공자에게 문하생이 많았던 이유 중의 하나겠죠. 또한 이 소질은 이해력과 영오력이 뛰어나서 하나를 가르치면 열을 안다는 똑똑한 소질(무사자통 : 無師自通, 스승이 없어도 스스로 깨닫는다는 뜻)로서, 발명 능력이 최고인 소질입니다.

다음 경→을(庚 →乙)의 관계는 앞서 서술한 〈소질로 본 역사의 인물〉에서 재무 관리형(사주용어 : 정재)이 되겠는데, 매우 꼼꼼하고 근검 절약하며, 정직을 고집하는 착실한 소질입니다. 그러나 여기서 이 소질은 유월(酉月)생이므로 을(乙)이 신(辛)으로 변하면서 공동사업 투자가형(사주용어 : 겁재)으로 바뀌어, 극도로 자기 고집이 강하고 모험도 불사하는 편으로 기울었습니다.

② 주자 (庚←丙→甲←庚)

〈천재감별법〉에서 갑←병(甲←丙)의 관계는 2형 A급이었습니다. 2형은 예술 창조 개발형(사주용어 : 식신)으로서 세밀한 기획력과 예술성을 겸비한 창의력을 나타내는데, 특히 예술적 감수성, 감정적 정서, 문필력이 매우 뛰어나다 했습니다. 그리고 갑←병은 선천적 천재 기질이 있어서 맥을 잘 잡는다고 할까, 어떤 일이나 학문 연구 등에 결정적 포인트를 확실하게 잡아내는 능력이 매우 탁월합니다.

다음 갑←경(甲←庚)의 관계는 보스형의 소질로서 공무원 등 관리 생활에 알맞으며, 인맥 관리를 잘하고 어려운 일에도 앞장을 섭니다. 다만 일부는 창조 개발 능력에 치어서(병→경) 구설로 평지풍파를 일으키든가 남을 심하게 비평하는 일이 많이 벌어집니다. 요즘 세상의 비평가 사주에도 맞는다고 할 수 있겠죠.

소질 종합 판단

창의력은 주자가, 기타 깜짝 아이디어나 발명 등에는 공자가 앞선다고 보입니다. 그러나 창의력을 충분히 살려 그 시대 유물론·유심론을 집대성한 주자가 조금 더 선천적 천재라 하겠습니다.

소질표

라이벌	형 태	사주용어	특 징	소질형(급수)	
공자	庚 ←戊	편인	기발 아이디어, 독창성	적극 찬스형	B→A
	庚 →乙	정재	꼼꼼, 근면 절약	지도 간섭형	C
	庚 →辛	겁재	공동, 협동	공동 협동형	C
	庚 ↔庚	비견	자기 확신	자기 자영업형	B
주자	甲 ←庚	편관	사람 관리, 보스	영리 자제형	B
	甲 ←丙	식신	창조 개발	영리 요령형	B→A
	庚 →甲	편재	교제, 관리, 사업 능력	지도 간섭형	C

2. 욕망 검색

① 공자(庚일에 酉월)

공동 투자하여 자기가 대장 노릇하려는, 형 노릇하려는 욕망이 매우 강합니다.

② 주자(甲일에 戌월)

사업과 영업 욕망, 교제 욕망이 강합니다. 또 남을 무시하면서까지 위에 올라서려는 권력욕과 공동 투자하여 자기가 대장 노릇하려는 욕망 등 매우 다양한 욕망의 소유자입니다.

주자가 사회적 출세 욕망이 더 강하다고 하겠습니다.

3. 본능 검색

① 공자(戌➡酉⬅子➡寅)

개띠(戌)의 사명감과 책임감, 닭띠(酉)의 이상주의와 낭만주의, 자기 과시성, 또 쥐띠(子)의 직관과 예민성, 범띠(寅)의 관찰력, 심모원려, 자존심이 혼합되어 있습니다.

② 주자(戌 · 戌⬅寅➡午)

개띠(戌)의 사명감과 책임감, 범띠(寅)의 관찰력과 심모원려, 자존심, 말띠(午)의 두뇌 회전, 요설, 감수성이 혼합되어 있습니다.

본능표

라이벌	동물이름	사주용어	겉에 보이는 것(방어용)	속에 숨긴 것(공격용)
공자	개	술(戌)	정직, 성실, 온순	책임감, 승부욕, 직관, 경계심
	닭	유(酉)	조급, 허영, 친절, 동정심	심미관, 신경 예민, 이상주의, 낭만주의
	쥐	자(子)	온화, 명랑	직관, 예민, 심사숙고, 영리, 민첩
	범	인(寅)	자존심, 기지, 인내력	관찰력, 심모원려
주자	개	술(戌)	정직, 성실, 온순	책임감, 승부욕, 직관, 경계심
	범	인(寅)	자존심, 기지, 인내력	관찰력, 심모원려
	말	오(午)	정직, 교제, 쾌활	두뇌 회전, 기지, 요설, 감수성

4. 개성 검색

라이벌	사주용어	태도(겉모습)	능력(속모습)
공자	경(庚)	민감, 의협심	능변, 이해력, 과단력
	을(乙)	유순, 온화	계산 면밀, 점유욕, 표현 능력
	무(戊)	자기 중심, 자존심, 명예	합리적 관리 능력
주자	경(庚)	민감, 의협심	능변, 이해력, 과단력
	병(丙)	친절, 관대	이해력, 관찰력
	갑(甲)	정직, 도덕 중시	의지력, 추진력

동양 사회를 '군자'들의 이상 사회로 만들려던 큰 인물들.

정치와 문화와 경제에 가장 심대한 영향을 끼친 장본인들.

정신적 이상 사회를 너무나 강조한 나머지, 실제로 먹고 사는 경제 문제에는 오히려 악 영향을 끼친 사람들.

그러나 약육강식의 절대 왕조 시절, 그들이 부르짖은 '인(仁)'과 '예(禮)'가 없었다면 아마도 정치 문화는 강한 동물만이 살아남는 피바다의 정글로 변해 있을지도 모릅니다.

일찌감치 한(漢)나라가 유교를 국교로 삼아 인격 수양이 정치의 기본임을 세상에 공포하여 그나마 동양 사회가 전란이 줄어든 것은 아닐까 생각하면, 그들의 공(功)은 대단한 것이었다고 생각해 봅니다.

수신제가치국평천하(修身齊家治國平天下)

수신, 마음과 행실을 바르게 하도록 심신을 닦아 수양하고

제가, 집안을 잘 다스리고

치국, 나라를 잘 다스려

평천하, 천하를 평화롭게 평정하는 것이 군자(君子)의 도리라는 것이죠.

공자의 『논어』와 주자의 『근사록』은 정말 읽을 만한 책입니다.

우리의 위정자들도 '수신(修身)'부터 시작하는 사람들로 꽉 차 있으면 얼마나 좋을까요?

과연 누가 진정한 영웅이더냐

역발산기개세(力拔山氣蓋世), 용력과 기개가 세상을 온통 뒤덮어 버린 불세출의 영웅, 초패왕 항우. 어떠한 싸움에도 앞장서고, 약자를 보면 울고, 한 번도 전쟁에 져본 적이 없는 명장 중의 명장.

그러나 해하(垓下)의 한 번 싸움에 사랑하던 우미인도, 오추마도, 그리고 나라까지도 모두 잃어버린 실패한 불운의 영웅.

권토중래(捲土重來)란 말과 무면도강동(無面渡江東), 사면초가(四面楚歌)라는 말을 만들어낸 사나이.

과연 그는 힘만 장시었지 어린애 같은 천부지였을까요? 정말 사람의 그릇을 알아보지 못하는 저능아였을까요? 혹시 한나라 유방이 중국을 완전 석권한 후 그를 깎아내린 것은 아닐까요?

렁천진은 『지전(智典)』이란 책에서 "난세에서 나라를 개국하려면 다음과 같은 사회적 성격의 단련이 필요하다. 즉 ① 야심이 있어야 하고 ② 세속적 성격이어야 하고 ③ 교활하고 ④ 임기응변, 얼렁뚱땅해야 하고 ⑤ 간사해야 하고 ⑥ 무뢰한적 기질과 ⑦ 부끄러움을 몰라야 하고 ⑧ 잔인해야 한다"라고 말했죠.

소질 편에서 설명하겠지만, 항우는 의외로 성실 근면과 꼼꼼 계산하는 형태의 인간으로서 위의 조건에는 어디에도 해당이 되지 않습니다. 즉 난세에 맞지도 않고, 더구나 난세를 안고 끌고 나가는 힘과 뜻이 전혀 없는 사람이라는 것입니다. 그러나 유방은 한마디로 세속적 무뢰한, 건달이었답니다.

그렇다면 해하 싸움터에서 항우를 무릎꿇게 만든 한신은 어떤 사람입니까?

표모(빨래하는 늙은 여자)에게 찬밥 덩어리나 얻어먹고, 무사라는 사람이 길거리 불량배에게 가랑이 밑으로 기어 나가는 수모까지 겪은 이 사나이. 그러나 그는 배수진·암도진창 등 손자병법과 삼십육계를 안전히 꿰뚫은 진략 전술의 귀재였고, 하찮은 멸시 따위는 참아내어 버리는 진정한 사나이, 영웅이었습니다.

여기서 잠깐 항우에 관한 고사성어 몇 개를 소개합니다.

권토중래(捲土重來)

싸움에 패한 사람이 다시 힘을 길러 땅을 휘말아 들어올 듯 쳐들어오는 것.

항우가 해하 싸움에서 패하고 오강에서 자살했음을 생각하며, 덧없이 죽어 간 젊은 영웅의 비참한 최후가 안타까워 당대의 명시인 두목(朴牧)이 읊은 시에 나오는 말입니다.

勝敗兵家不可期	승패는 병가도 알 수 없다
包羞忍耻是男兒	부끄러움을 참는 이것이 사나이
江東子弟多豪傑	강동의 자제는 호걸이 많다
捲土重來未可知	땅을 말아 거듭 오면 알 수도 없었을걸

　항우여, 그대가 비록 패하기는 했지만 승패라는 것은 아무도 예측할 수 없는 것, 한때의 치욕을 참고 견뎌야 진정한 사나이가 아니겠는가. 더구나 강동의 젊은이 중에는 호걸이 많다 하니, 이왕이면 강동으로 건너가 힘을 기른 다음 다시 한 번 땅을 휘말 듯한 기세로 유방을 반격했어야 하지 않았겠는가. 그랬다면 승패는 아직도 알 수 없었을 것을…… 항우여, 아깝도다.

무면도강동(無面渡江東)
강동을 건너갈 면목이 없다=실패한 자가 돌아갈 고향은 없다.
　해하 싸움에서 패하고 오강(烏江)에 오자, 막상 강을 건너 강동으로 갈 체면이 없게 된 항우가 이 말을 남기고 자살합니다. 굴욕을 참지 못하는 직선적인 열혈 의기 남아의 기개가 보인다고 하겠습니다.

　하늘이 나를 망하게 했는데, 건너가면 무얼 하겠단 말인가. 내가 강동 자제 8천 명을 거느리고 강을 건너왔었는데, 지금 다 죽고 나 혼자 남았구나. 강동의 부형들이 나를 불쌍히 여겨 임금으로 받든다 한들, 내가 무슨 면목으로 이들을 대하겠는가. (我何面目見之) 그들이 비록 말은 하지 않더라도 내 어찌 마음에 부끄럽지 않겠는가.

사면초가(四面楚歌)

『사기』의 「항우 본기(項羽本紀)」에 나오는 말입니다.

夜聞漢軍四面皆楚歌 項王及大驚曰 漢皆旣得楚乎 是何楚人之多也

밤에 한나라 군사가 사면에서 모두 초나라 노래를 부르는 것을 듣자 항우가 놀라 말했다,

「한나라가 이미 초나라를 얻었단 말인가, 어째서 초나라 사람이 이리도 많지?」

역발산기개세(力拔山氣蓋世)

용력과 패기가 으뜸이라는 말.

해하 싸움터에서 사면초가를 들은 후 우미인과 최후의 만찬을 하며 부른 노래에 나옵니다. 슬픔과 울분이 한꺼번에 치밀어 올라 읊은 노래입니다.

力拔山兮氣蓋世	힘은 산을 뽑고 기상은 세상을 덮었는데
時不利兮騅不逝	때가 불리하니 추마저 가지 않는구나.
騅不逝兮可奈何	추가 가지 않으니 어찌하면 좋을고
虞兮虞兮奈若何	우야 우야 너를 어찌하리

항우

項羽 BC 232-202

중국 진(秦)나라 말기 무장. 이름은 적(籍), 우는 자(字)이다. 임회군(臨淮郡) 하상현 (下相縣) 출생. BC 209년 진승·오광 등이 반란을 일으키자, 숙부 항량과 함께 봉기 하여 세력을 결집하였다. 항량이 죽자 유방과 합세하여 진왕 자영을 죽이고 함양(咸 陽)을 함락하여 진나라를 멸하였다. 팽성으로 도읍을 정한 뒤 유방을 포함한 18명을 왕으로 봉하고, 자신은 서초(西楚)의 패왕(覇王)이라 칭하였다.

BC 206년 한왕(漢王)으로 봉해진 데 불만을 품은 유방이 반기를 들어 관중을 평 정하고 항우와 패권을 다투었는데, 이것이 5년에 걸쳐 전개된 이른바 초한의 싸움이 다. 처음에는 항우가 우세하였으나 도량과 재략이 부족하여 유능한 부하를 이반시켜 차츰 궁지에 몰려, BC 203년 천하를 양분하는 데 합의하였다. 그러나 유방의 기습 공격을 받아 해하(垓下)에서 포위되었고, 사면초가(四面楚歌) 위기에서도 애첩 우희(虞 姬)와 주연을 베푼 다음 오강(烏江)으로 피신하였으나, 이미 운명이 다한 것을 깨닫고 자실하였다.

한신

韓信

중국 한(漢)나라 고조(高祖) 유방(劉邦)의 공신. 회음(淮陰) 출생. 군략(軍略)에 뛰어난 무장이었다. 진(秦)나라 말의 혼란기에 초(楚)나라 항우(項羽)를 섬겼으나 인정받지 못하자 유방의 군에 참가하였다. 승상 소하에게 발탁되어 항우 토벌에 크게 기여하였으며, 조나라·제나라의 땅을 공략해 황하강 하류 일대를 확보하였다. 그 뒤 제나라 왕에 봉해졌으며 이어 초나라 왕이 되었다. 그러나 한나라의 통일이 완성되자 성이 다른 제왕을 폐제하려는 유방의 정책으로 BC 201년 회음후(淮陰侯)로 격하되었다. BC 196년 진희의 난에 관련이 있다 하여 여후(呂后)의 부하에게 가족이 모두 참살되었다.

① 항우

운명 요소 정묘년 기유월 갑진일 정묘시(丁卯年 己酉月 甲辰日 丁卯時)

② 한신

운명 요소 갑술년 병자월 병진일 갑오시(甲戌年 丙子月 丙辰日 甲午時)

1. 소질 검색

① 항우(丁←己←甲→丁)

항우의 소질은 대단합니다. 즉 갑→정(甲→丁)은 창조 개발, 개혁이 매우 천재적인 관계입니다. 앞서 본 〈소질로 본 천재〉편에서 ①형 A급으로, ①형은 기술 창조 개발형입니다.

또한 정년(丁年)과 갑일(甲日)의 관계는 정←갑(丁←甲)으로 이어져 기획 능력이 탁월합니다.

그러나 갑→기(甲→己)의 관계는 계산이 꼼꼼한, 남을 믿지 않는, 자기 계산에 투철한 소질입니다. 난세의 각종 협잡, 속임수, 계략이 판치는 세태에는 전혀 맞지 않는, 너무 정직한 소질입니다.

이 소질 때문에 그는 유일한 참모였던 범증의 각종 모략 술수를 거의 인정하지 않고, 정직·공평한 수만 사용한 것입니다. 결국 적(한나라 유방)이 예측 가능한 전쟁만 수행한 결과 나라를 모두 빼앗기고 말았습니다.

② 한신(甲←丙·丙→甲)

병←갑(丙←甲)과 갑→병(甲→丙)의 소질은 ②형 A급으로서, 예술 창조 개발형의 천재 소질에 들어가 있습니다. 그의 천재적 창조 창의력과 아이디어 개발 능력은 상당하다 하겠지만, 여기서 병→갑(丙→甲)은 남 좋은 일 하느라 자기 기회를 놓치는 것으로 나옵니다.

항우나 한신 모두 창의력, 창조 부문에 거의 천재적 소질을 갖고 있습니다. 그러나 항우가 노력을 해야 간신히 얻어지는 소질인 반면, 한신은 거의 선천적 천재라 하겠습니다.

소질표

라이벌	형 태	사주용어	특 징	형 태	급(A~D)
항 우	甲→己	정재	꼼꼼 계산, 재무 관리	착취 간섭형	B
	甲→丁	상관	열성적 창조, 창의	노력 창조형	B→A
	丁←甲	인수	자료 수집, 아이디어 기획	적극 찬스형	B→A
한 신	丙→甲	편인	반짝 아이디어	일기형	C
	甲←丙	식신	예술 창조, 재능	요령 창조형	B→A

2. 욕망 검색

① 항우(甲일에 酉월)

명예욕이 있으나 너무 기분파적인 리더 욕망입니다. 투출이 안 되어 잠재의식 속에 들어가 끝까지 괴롭힙니다.

② 한신(丙일에 子월)

내심 불복하는 욕망, 리더가 되겠다는 강력한 욕망입니다. 투출이 안 되어 잠재의식 속에 들어가 끝까지 괴롭힙니다.

3. 본능 검색

라이벌	동물이름	사주용어	겉에 보이는 것(방어용)	속에 숨긴 것(공격용)
항우	토끼	묘(卯)	낙천적, 명랑, 침착	기회주의, 꾀, 심사 세밀
	닭	유(酉)	조급, 허영, 친절	두뇌 회전, 심미관 이상주의
	용	진(辰)	시원시원, 적극적, 딱 부러진 행동	감각적, 두뇌 총명, 실행력
한신	개	술(戌)	정직, 성실, 온순	책임감, 승부욕, 직관, 경계, 자기 중심
	쥐	자(子)	온화, 명랑	직관, 예민, 심사숙고, 영리
	용	진(辰)	시원시원, 적극적, 딱 부러진 행동	감각적, 두뇌 총명, 실행력
	말	오(午)	정직, 자유분방, 교제	두뇌 회전, 기지, 감수성

4. 개성 검색

라이벌	사주용어	태도(겉모습)	능력(속모습)
항우	정(丁)	열정, 자기 희생	주도면밀, 개혁 능력
	기(己)	소극적, 내심 복잡	이해력, 다재다예
	갑(甲)	정직, 도덕 중시	의지력, 강한 추진력
한신	갑(甲)	정직, 도덕 중시	의지력, 강한 추진력
	병(丙)	성급, 친절, 관대	이해력, 관찰력

필자가 초등학교 시절에는 주로 『삼국지』나 『수호지』를 많이 읽었죠.

여러 번 읽고 또 읽어서 나중에는 『수호지』의 '108명의 영웅'들을 호나 관직과 아울러 순서대로 빨리 외우는 시합도 했습니다. 이를 테면 제1두령 '호보의 송강', 제2두령 '옥기린 노준의'…… '탑탁 천왕 조개', '지다성 오용', '표자두 임충', '행자 무송', '흑선풍 이규' 이렇게 108명의 이름을 순서대로 쫙 외우는 시합이죠.

그러다 중학교에 들어오자, 외할머니께서 제일 좋아하시는 책을 읽어 달라고 하시면서 『초한지』를 내놓는 것이었습니다.

『초한지』는 초나라의 항우와 한나라의 유방이 진시황의 진나라 이후의 천하를 놓고 쟁패한 유명한 중국 소설입니다. 이 책에서 필자는 대 전략가인 장량, 최고 전술 병법가인 한신, 기타 번쾌, 영포, 팽월, 종이매 등의 장군들과 소하, 조참 등을 좋아하게 되었고, 꾀 많은 계략의 천재 범증도 알게 되었죠.

많이들 읽어 보았겠지만 『삼국지』, 『수호지』, 『초한지』를 읽으면서 막힌 가슴을 한번 '펑' 뚫어 보시기 바랍니다.

여기서 특히 한신은 빈한한 무사 출신으로서, 오로지 실력 하나만으로 아무런 후원자(속칭 빽)도 없이 출세한 입지전적인 인물입니다.

가슴에는 대망을 품고 그 뜻을 살리기 위하여 때로는 불량배의 가랑이 밑으로 기어 나가기도 하고, 때로는 찬밥까지 얻어먹어 가면서 귀중한 시간을 오로지 학문 정진에만 쏟았습니다.

어떻게 보면 명분, 체면보다도 실리 위주로 세상을 살았다고 할까요.

여하간 큰뜻이 있는 사람은 꼭 그 뜻을 펼치고야 마는 것이 세상 이치인가 봅니다.

조카마저 죽인 비정한 권력 투쟁

아니, 도대체 권력이 뭐길래, 왕의 자리가 그 무엇이관대 인륜도 저버리고 천륜마저 헌신짝처럼 내던질 수 있단 말입니까? 생후 3일 만에 어머니인 현덕왕후를 여의고 아버지 문종마저 일찍 승하하시어 졸지에 천애 고아가 된 어린 조카 단종에게 가장 큰 힘이 되어 주어야 할 사람이 누구입니까? 그런데 수양은 오히려 윽박지르고 타박하고 공포에 떨게 하다가 마침내는 왕의 자리마저 선양(禪讓 : 다음 임금에게 왕위를 물려줌)이라는 허울 좋은 이름으로 빼앗고 맙니다. 게다가 고적하기 그지 없는 영월 외진 곳에 귀양 보낸 것도 모자라 존귀한 목숨마저 끊어 버립니다. 참으로 슬프고도 애달픈 단종이시여!

그러나 한편 왕권 수호의 정치 이념이 확고하고, 또 이를 수행하기 위한 역량을 두루 갖춘 수양대군의 입장에서 보면, 어린 조카가 왕권을 신하들에게 빼앗기고 또 인사권 등에서 김종서 · 황보인 등의 고명대신들에게 휘둘리는 것을 도저히 눈뜨고 볼 수 없었을 것입니다. 더구나 때마침 호탕한 인기 남아인 동생 안평대군과 신권파(臣權派)의 거두 김종서의 연합 전선으로부터 크나큰 위협을 느끼고 있었으니까요. 결국 수양파의 최일급 참모인 칠삭둥이 한명회의 기상천외한 계략에 힘입어 기적같이 정권의 주도권을 잡게 된 것이죠.

계유정난, 즉 1453년 계유년(癸酉年)에 수양대군은 김종서·황보인 등의 신권파를 그들의 〈생살부〉에 따라 단종의 명이라고 속이고 척살했습니다. 이 정변으로 정권은 수양대군파가 완전히 장악하게 되었죠. 이후 사육신(死六臣)인 성삼문, 박팽년, 하위지, 이개, 유응부, 유성원 등이 단종 복위를 위하여 거사 모의를 하였으나, 김질의 배신 고발로 모두 사형을 당하였습니다.

옛 성현의 말씀대로 유능한 인재들이 군왕에 대한 충성심에서 계속 현 정권에 불복하고 전 왕인 단종의 복권 운동에 뛰어들 수밖에 없는 상황을 감안하여, 일설에 의하면 수양파의 실력자인 신숙주가 차라리 단종을 죽여서 모든 유생의 복권 의지를 포기토록 하자는 제안을 했다고 합니다.

즉, 충성의 목표물이 되는 단종을 없애야 왕권에 대한 복위 문제가 없어진다는 논리로, 유능한 인재들을 충성이라는 명분에서 구해내자는 것이랍니다. 여하튼 신권파가 막강하고 왕권파가 미약하면 그 갈등은 매우 심각합니다. 조선조 초기 정도전과 이방원(태종)의 피말리는 싸움을 필두로 하는 이 갈등 구조가 다시 단종조에 재연된 것입니다. 결국 이 와중에 목숨마저 빼앗겨 버린 단종이야말로 이 무슨 날벼락 같은 사건에, 또 얼마나 처절한 인생입니까?

12살에 왕위에 오른 단종은 15살에 왕위를 빼앗기고, 18세 청춘의 나이에 유배지 영월에서 사약을 받고 세상을 하직하고 맙니다.

개인 단종의 슬픔은 그가 영월에 유배되었을 때 다음과 같은 시를 읊어 우리들을 더욱 슬프게 합니다.

자규시(子規詩)

두견이 슬피 울고 달은 산마루에 걸려 밤이 깊으니
그리워서 더 괴로운 이 마음 다락 끝에 몸을 기대었어라

두견아 네가 괴로워 울면 나 또한 쓸쓸하기만 한데
네 울음이 없으면 내 근심도 사라져 버리누나
이별한 이들에게 한마디 한다면
춘삼월 두견이 우는 달 밝은 밤엔
제발 다락에 올라가지 마시기를

사육신 중 으뜸인 성삼문이 새남터 사형장으로 끌려갈 때, 울면서 따라오는 딸을 보며 허무하게 읊은 시조 한 수 소개합니다.

擊鼓催人命　울리는 북소리 명줄을 재촉하고
回頭日欲斜　돌아보니 해는 서산에 기우는구나
黃泉無一店　황천에는 객점도 없다 하는데
今夜宿誰家　오늘 밤은 뉘 집에서 묵어 갈까나

다음은 단종을 유배지 영월까지 호송했던 금부도사 왕방연이 곡탄 언덕에 주저앉아 슬픔에 겨워 읊었던 시조를 소개합니다.

천리 만리 머나먼 곳에 어린 임금 이별하고
슬픈 마음 둘 데 없어 홀로 냇가에 앉았으니
저 물도 내 마음속 같이 울며 밤길 흘러가누나

세조 (世祖 · 1417-1468)

조선 제7대 왕(1455~68). 이름은 유, 자는 수지(粹之). 세종의 둘째 아들이고, 문종의 아우이며, 어머니는 소헌 왕후 심씨, 왕비는 정희 왕후 윤씨이다. 대군으로 있을 때 세종의 명령을 받들어 궁정 안에 불당을 설치하는 데 적극 협조하고, 승려 신미의 아우인 김수온과 함께 불서(佛書)의 번역과 향악(鄕樂)의 익보(樂譜)를 정리하였다. 1452년(문종 2) 관습도감도 제조에 임명되었다.

그해 문종이 죽고 어린 단종이 즉위하자 측근 심복인 권람 · 한명회 등과 함께 정국 전복의 음모를 진행시켜, 이듬해인 53년(단종 1) 계유정난을 단행하여 조정 안에 있던 반대 세력을 제거하고, 밖에 있던 함길도 도절제사 이징옥마저 주살하여 내외의 반대 세력을 제거하였다.

1455년 단종에게 강박하여 왕위를 수선(受禪)하였다. 1456년(세조 2) 좌부승지 성삼문 등 이른바 사육신(死六臣)이 주동이 되어 단종 복위를 계획한 사실이 발각되자 관련된 신하들을 모두 사형에 처하였다. 정치 정세가 안정됨에 따라 최항 등에게 명하여 왕조 정치의 기준이 될 법전 편찬에 착수, 《경국대전》의 찬술을 시작하였다.

1467년 회령 출신 이시애(李施愛)가 지방민을 선동, 길주에서 반란을 일으켰으나 이 반란을 무사히 평정하여 중앙집권체제를 더욱 공고히 하였다. 세조는 정치 운영에 있어서는, 신하들의 의견을 받아들이는 이른바 <하의상통(下意上通)>보다는, 자기의 소신을 강행하는 <상명하달(上命下達)>의 방법을 택하였다. 즉위 직후 왕권 강화를 목적으로 의정부의 서사제(署事制)를 폐지하고 육조의 직계제(直啓制)를 시행하여, 중신(重臣)의 권한을 줄이고 왕권의 강화를 기도하였다. 단종 복위 사건을 계기로 집현전·경연 등을 폐지하여 왕명의 출납기관(出納機關)인 승정원의 기능이 강화되는 결과를 낳았다. 이러한 무단 강권 정치는 왕권 강화 면에서는 공정할 수 있으나, 정치 면에서는 큰 발전을 이루지 못하였다. 묘호는 세조, 능호는 광릉(光陵)이라 하였다.

 단종

端宗、1441-1457

조선 제6대 왕(1452~55). 이름은 홍위. 아버지는 문종(文宗), 어머니는 현덕왕후 권씨, 비는 정순왕후 송씨이다. 1448년(세종 30) 8세 때 왕세손에 책봉되었고, 1450년 문종이 즉위하자 왕세자로 책봉되었다. 1452년 5월 문종이 재위 2년 만에 죽자 즉위하였으나, 나이가 어려 정치하는 일에 어두우니 모든 조처는 의정부와 육조가 서로 의논하여 시행할 것과, 승정원은 왕명 출납을 맡고 있으므로 신하들의 사삿일은 보고하지 말도록 교서를 내렸다.

문종의 고명을 받은 영의정 황보인, 좌의정 남지, 우의정 김종서 등이 측근에서 보좌하고, 집현전 학자 출신인 성삼문·박팽년·하위지·신숙주 등도 측근에서 보필하였다. 1453년(단종 1) 10월 수양대군은 정권을 빼앗고자 자기 측근인 권람·한명회의 계책에 따라, 안평대군을 추대하여 종사를 위태롭게 하였다는 죄명으로 영의정 황보인, 좌의정 김종서, 병조판서 조극관, 이조판서 민신 등을 죽이고 정권을 잡았다. 일이 이렇게 되자 어쩔 수 없이 수양대군을 영의정으로 삼고, 거사에 참가한 사람들에게 정난공신(靖難功臣)의 칭호를 주었다. 그리고 안평대군은 사사되었고, 그 아들 우직은 진도에 유배되었다.

1454년 정월 송현수의 딸을 왕비로 삼았으며, 1455년 윤 6월 수양대군이 왕의 측근인 금성대군 이하 여러 종친·신하들을 죄인으로 몰아 유배시켰다. 급박한 주변 정세에 단종은 더 이상 견디지 못하고 수양대군에게 왕위를 물려주고, 상왕(上王)이 되어 수강궁으로 옮겼다. 1456년(세조 2) 6월 집현전 학자 출신인 성삼문·박팽년 등과 성승·유응부 등에 의하여 상왕을 복위시키려는 사건이 일어났으나 계획이 실행되기도 전에 김질의 고발로 실패하였다. 이로 인하여 단종은 1457년 6월 노산군으로 강봉되어 강원도 연월에 유배되었다. 이해 9월 경상도 순흥에 유배되었던 금성대군이 복위를 계획하다가 발각되어, 다시 노산군에서 서인으로 강봉되었다가 10월 죽음을 당하였다. 묘호를 단종으로 추증하고, 능호(陵號)를 장릉(莊陵)이라 하였다.

자, 그러면 운명요소로 비교해 보겠습니다.

① 세조(수양대군)

운명요소 정유년 계묘월 경오일 병술시(丁酉年 癸卯月 庚午日 丙戌時)

② 단종(노산군)

운명요소 신유년 병신월 정사일 병오시(辛酉年 丙申月 丁巳日 丙午時)

1. 소질 검색

① 세조(丁←癸→庚←丙)

수양의 소질에는 3가지가 있습니다. 먼저 경←계(庚←癸)의 관계입니다. 이 소질은 개혁·창의·창조 소질(사주용어 : 상관)입니다. 어떤 일을 수행할 때 계산·타산·맥은 잘 짚는데, 그것을 실행하는 요령이 모자라고 매끄럽지 못해서 비극적으로 끝나는 수가 많습니다. 또 이 소질은 외향적이며, 기세 등등하고, 독재·독선적이며, 자기 이득을 위해 집단 조직을 이용하는, 즉 사조직을 만들어 이용하는 데 천재적 소질입니다.

두 번째, 경←병(庚←丙)의 관계입니다. 이 관계는 보스 관리형(사주용어 : 편관)인데, 특히 병(丙)의 역할은 상사를 너무 몰아세우기 때문에 미움을 받기 쉽고, 결국 독불장군식으로 상사에게 왕따를 당하기 쉬운 소질입니다. 그러나 어떤 위험도 솔선수범으로 앞장서고, 불요불굴 사명감으로 일하는 일벌레죠. 여기서 위의 개혁 성향 소질(상관)과 맞물리면 절대로 타인의 권위를 인정하지 않고, 자기 권위를 세우기 위해서는 어떠한 권력층도 가차 없이 공격해 비난하는 무서운 소질이 됩니다.

세 번째는 정→경(丁→庚)의 관계입니다. 이 소질은 특히 부하를 다루는 데 장기가 있습니다. 아무리 평범한 사람에게도 120% 이상의 성과(눈에 보이는 실적)를 요구하기 때문에 부하들은 끊임 없이 노력해야 하고, 또 부하를 일일이 꼼꼼하게 챙기는 소질입니다.

② 단종(辛←丙→丁←丙)
크게 2가지 소질이 있습니다.

하나는 정←병(丁←丙)의 관계인데, 이것은 공동 투자가형(사주용어 : 겁재)으로서 이중 성격의 자기 포장으로 복잡한 세상에 대응해 나갑니다. 즉 남에게는 친절하고 말주변으로 잘 대하지만, 실제로 속은 매우 냉혹하다든가 혹은 그 반대이든가 합니다. 노력 없이 요령으로 남의 힘을 빌려 살아가려는 면도 보입니다.

두 번째는 신←정(辛←丁)의 소질입니다. 이 소질은 보스 관리형(사주용어 : 편관)으로서 은근히 남의 위에 서려고 합니다만, 매우 소심하고 겁이 많아 신중한 처신을 하는 것이죠. 더구나 여기서 신(辛)은 병(丙)과 합(合)이 되어서 그 역할이 현저히 줄어들므로, 이 소질은 매우 약합니다.

소질 종합 판단
두 사람의 소질을 보면 수양대군이 매우 정치적이면서 개혁적이고 또 자기 것을 철저히 챙기는 소질인 반면, 단종은 약간의 정치적 소질 이외에는 자기 보호적 소질밖에는 없습니다.

소질표

라이벌	형 태	사주용어	특 징	형 태	급(A~D)
세조	庚←癸	상관	개혁, 창조	계산고요령무형	B
	庚←丙	편관	보스 관리, 사명감	상사 압박형	B
	丁→庚	정재	꼼꼼 챙김, 재무 관리	지도 간섭형	C
단종	辛←戊	겁재	공동 사업, 자기 포장	공동 투자가형	C
	辛←丁	편관	보스 관리, 사명감	겁쟁이 소심형	B

2. 욕망 검색

① 세조(庚일에 卯월)

세조는 자기 부하, 재산을 꼼꼼하게 챙기는 실물 경제형 욕망입니다. 또 하나는 사업 욕망입니다. 모두 잠재된 욕망이어서(천간투출이 안 되었으므로) 그 욕망은 끝이 없습니다.

② 단종(丁일에 申월)

단종도 세조와 같이 부하, 재산을 꼼꼼하게 챙기는 실물 경제 욕망입니다. 리더형 권력 욕망도 들어 있습니다만, 모두 다 소질과는 연결이 되지 않고 잠재의식 속에 들어가 있습니다.

3. 본능 검색

① 세조(酉→卯→午←戌)

닭띠(酉)의 두뇌 회전과 토끼띠(卯)의 꾀가 사사건건 충돌하는 본능입니다. 이렇게 되면 항상 인간 관계에서 피해 의식이 많이 늘어나는 형태가 됩니다. 그 다음 말띠(午)의 화려함, 개띠(戌)의 사명감이 함께 어우러진 본능입니다.

② 단종(酉←申←巳→午)

닭띠(酉)의 두뇌 회전과 원숭이띠(申)의 방어적 관찰력 그리고 뱀띠(巳)의 정조준과 조심성, 말띠(午)의 화려함 등이 있습니다. 여기서 원숭이띠와 뱀띠는 합(合, 사주용어로 서로 껴안는다는 뜻임)이 되어 부부 사이가 매우 좋은, 특히 처로부터 많은 사랑을 받는 본능입니다.

본능표

라이벌	동물이름	사주용어	겉에 보이는 것(방어용)	속에 숨긴 것(공격용)
세조	닭	유(酉)	조급, 허영, 친절	두뇌 회전, 심미관, 신경 예민
	토끼	묘(卯)	낙천적, 명랑, 침착	기회주의, 꾀, 심사 세밀
	말	오(午)	정직, 자유분방, 교제	기지, 요설, 감수성
	개	술(戌)	정직, 성실, 온순	책임감, 승부욕, 직관, 경계심
단종	닭	유(酉)	조급, 허영, 친절	두뇌 회전, 심미관, 신경 예민
	원숭이	신(申)	쾌활, 명랑, 친절	영리, 관찰력, 창의, 이해 흡수력
	뱀	사(巳)	온화, 교제, 상대방 이해	임기응변, 감수성, 의심, 조준 사격
	말	오(午)	정직, 자유분방, 교제	기지, 요설, 감수성

4. 개성 검색

라이벌	사주용어	태도(겉모습)	능력(속모습)
세조	정(丁)	예의, 열정, 자기 희생	주도면밀, 개혁 능력
	계(癸)	순진, 신경 예민, 결벽	감정 세밀, 심사숙고, 환상
	경(庚)	민감, 의협심	능변, 과단력
	병(丙)	성급, 친절, 관대	이해력, 관찰력
단종	신(辛)	감수성, 자존심	두뇌 회전, 거절 못함
	병(丙)	성급, 친절, 관대	이해력, 관찰력
	정(丁)	예의, 열정, 자기 희생	주도면밀, 개혁 능력

수양대군

이광수가 지은 『단종애사』라는 소설이 있습니다. 영화로도 제작되어서 1950년대 초기에 인기리에 상영되었는데, 배우인 엄앵란 씨가 단종의 어린 왕비로 캐스팅되어 호평을 받은 것으로 알고 있습니다. 이 책은 단종을 주인공으로 하여 수양대군과 그 일파를 비도덕적인 패륜 정치가로 비난한, 실로 눈물을 자아내게 하는 책입니다. 이에 반하여 김동인이 지은 『대수양』은 수양대군을 우수한 현실적 정치가로 묘사하고, 김종서·황보인 등을 구태의연한 구정치인으로 폄하하여 그렸습니다.

필자도 어렸을 때 이 책들을 읽었습니다만, 『단종애사』를 보면 수양대군이 그렇게 미울 수가 없고, 왜 꼭 단종을 죽였어야 하는지 그렇게 분하고 억울할 수가 없었죠. 특히 정인지도 싫고, 황보인의 무능력을 탓하기도 했습니다. 그런데 『대

수양』을 보면 안평대군과 김종서가 그렇게 미울 수 없었습니다. 수양대군과 단종을 서로 싸우지 않도록 한꺼번에 묶어 줄 생각들을 왜 하지 않았는지 이해가 안 되었죠.

단종

그러나 이제 생각하면 왕권(王權)과 신권(臣權)의 한판 승부였다고 보는 것이 더 타당할 것 같군요.

이광수의 『단종애사』와 김동인의 『대수양』을 한번 읽어 보시기 바랍니다.

어떤 고전을 읽을 것인가

사실 요즘 세상은 컴퓨터나 영상 매체의 급속한 발달로 독서는 뒷전에 물러난 것처럼 보입니다만, 참된 소양을 쌓기 위해서는 이만한 것이 없습니다. 독서는 사색을 하게 만들고, 공상을 하게 만들고, 또한 자기 속에 있는 진정한 자기 천재성을 발견하도록 일깨워 주기 때문입니다.

여기에 소질별로 꼭 필요한 책들을 추려서 소개하고자 합니다. 되도록 모두 비치하여 다른 소질의 사람들이 어떤 책을 읽는지도 알아두면 처세에 많은 도움이 될 것입니다. 아울러 요즘 정치권에서 화두가 되고 있는 정체성에 대해서도 조금 언급하겠습니다.

'과거 역사 바로 세우기'도 국가 정체성의 재확립을 의도하고 있다고 보아집니다만, 사실 정체성은 소질별로 모두 다르다는 것을 알아두셨으면 합니다.

사주명리학에서는 크게 5가지의 세계관·정체성을 논하고 있는데, 그 첫번째는 지위·권력 추구의 세계입니다. 이 세계의 정체성은 공정성, 공평성, 공공성에 있다고 보는 것입니다. 앞서 논한 소질 중에서 관리자 사주(리더형, 보스형)가 이 세계관을 갖고 있는데, 세상을 지배자와 피지배자로 양분하여 보는 관점입니다.

두 번째는 재물·사업 추구의 세계입니다. 이 세계의 정체성은 손익성, 타산성에 있다고 보는 것입니다. 재물 사업가 사주(재무 관리 축재가형, 영업 능력 사업가형)가 이 세계관을 갖고 있는데, 이 세상을 획득하는 자와 뺏기는 자로 양분하여 보는 관점입니다. 힘으로 밀어붙이는 소위 자본주의 대국이 이런 세계관을 갖고 있습니다.

세 번째는 명성, 자기 표현, 인기 추구의 세계입니다. 이 세계의 정체성은 좋은 것과 싫은 것에 있다고 보는 것입니다. 창조 예술가 사주(예술 창조가형, 기술 창조 개발형)가 이런 세계관을 갖고 있는데, 세상을 창조자와 구경꾼으로 양분하여 보는 관점입니다.

네 번째는 정신의 명예를 추구하는 세계입니다. 이 세계의 정체성은 이론적인 옳음과 그름, 합리와 비합리에 있다고 보는 것입니다. 기획 아이디어 사주(자료 수집 교육가형, 깜짝 아이디어 벤처 사업가형)가 이 세계관을 갖고 있는데, 세상을 이론상 옳고 그른 것, 합리성과 비합리성으로 양분하여 보는 관점입니다. 소위 이념화된 세계관의 국가들이 이런 관점을 갖고 있습니다.

다섯 번째는 자존심, 독립심, 실행력을 추구하는 세계입니다. 이 세계의 정체성은 우리 편과 적이 있다고 보는 것입니다. 주체적 추진자 사주(공동 투자가형, 독립 자영업형)가 이런 세계관을 갖고 있는데,

세상을 우리 편과 적으로 양분하여 보는 관점입니다.

우리나라는 어떤 것을 정체성으로 가져야 할까요? 자본주의 대국들처럼 두 번째의 손익성·타산성으로 갈까요, 그렇지 않으면 네 번째와 다섯 번째의 옳고 그른 것과 내 편, 네 편으로 가르는 것을 정체성으로 가질까요?

잘 아시다시피, 모든 사람들은 위의 소질들 중 한 개 내지 세 개의 소질을 갖고 있습니다. 한 사람이 여러 개의 정체성을 갖고 있다는 말이죠. 따라서 국가가 어느 한 개의 정체성만 고집한다면 불만이 생기고, 결국 국론 분열 및 자기 분열이라는 처참한 최악의 결과가 나올 수도 있습니다. 많은 고려가 있은 후에 결정할 문제입니다.

자, 이제 본론으로 들어가서 각 소질별로 필요한 최소한의 책을 소개하고자 합니다. 특히 이 책들에서 무엇을 얻어야 하는지를 약술하니 참고하시기 바랍니다. 총 7가지의 책으로, 『논어』, 『맹자』, 『노자』, 『장자』, 『한비자』, 『손자병법』, 『삼국지』 등이 그것입니다.

그럼 이 책들을 간략하게 소개합니다.

▌논어 : 지도자를 위한 덕목이 가득

공자(孔子)는 『논어』에서 인(仁)과 신(信)과 화(和)를 논했습니다. 여기서 인(仁)은 무엇이다라고 특별하게 정의 내리지는 않았지만, 인간 이상형으로서 제시되고, 자아 실현의 목표가 되며, 자기와 타인에게 성실하게 생활하는 하나의 기준을 제시했다고 보입니다.

그 다음은 신(信)인데, 이것은 인간 상호 관계의 기본 원칙으로, 타인과의 약정을 성실히 준수하는 것을 이릅니다.

또 화(和)에 대해서도 언급하였습니다. '화'라고 하면 화평하다, 온화하다, 조화롭다, 화목하다의 뜻이 있습니다. 여기서는 주로 '조화', '화목하다'의 뜻으로 해석할 수 있겠습니다. '화'라는 것은 인간 서로가 자기의 독립성을 유지하면서 협조하는 것을 말하며, 자기의 의견 없이 맹목적으로 타인을 따라가는 '동(同)'과는 그 의미 자체가 틀립니다.

정치나 기타 인간 관계는 자기의 독립성·능력을 모두 살리면서 서로 보완·협조하는 화(和)의 태도가 절실히 요구됩니다.

또한 공자는 영도자, 지도자를 평가하는 데 오로지 책임감을 강조했습니다. 결국 지도자가 되려면 인과 신과 화의 품격을 갖추고, 책임감으로써 일에 임하라고 가르친 것입니다.

▎맹자 : 리더를 위한 인격 수양서

『맹자』에서는 인(仁)과 의(義)와 예(禮)와 지(智)를 논했습니다.

여기서 맹자는 타인을 알아주고, 그 입장을 알아주어, 타인을 이해·동정까지도 할 수 있는 것을 '인'으로 표현했습니다.

그 다음 '의'는 합리성이라고나 할까요? 정확한 사정을 객관적으로 파악하고, 도리를 왜곡하지 말고, 부적당한 일을 하지 않는 것으로 정의했습니다.

'예'에 대해서는 적당·적절한 행위를 해야 하며, 언제나 먼저 좋은 일을 타인에게 양보하라고 가르쳤습니다.

'지'에 대해서는 시비·선악을 명확하게 가리는 행위를 논했는데, 영도자라고 하면 이러한 덕목들을 기준 틀로 삼아 늘 인격 수양을 하라고 가르쳤습니다.

▌노자 : 예술가를 위한 가르침

노자의 가르침은 상당히 이해하기가 곤란한데요, 왜냐하면 그는 무위(無爲)를 주장하고 있기 때문입니다. 벌써 언어로써 표현이 되는 것만으로도 '무위'라는 것의 범주에서 벗어난 유(有)가 되기 때문에 전달하기가 매우 어려운 것입니다.

그가 말하는 도(道)와 덕(德)은 주로 무심(無心), 무욕(無慾), 유연, 겸허, 유약, 질박, 절제 등입니다. 여기서 무위(無爲)를 설명한다면, 시행 명령을 될수록 적게 내리고 또 간섭·확인을 줄이라는 말입니다. 즉 백성을 민주형이 아닌 방임형으로 다스리라는 것입니다.

도(道)에 대해서 잠깐 언급하면, 물(水)과 같은 도를 지켜서 유연성으로서 환경에 순응하고, 겸허로서 낮게 처신하고, 유약으로서 세상을 살라고 가르쳤습니다. 사실 물의 유약함은 강한 것에 직접 부딪히지 않고 돌아가는 것을 뜻하나, 속에는 강대한 힘, 추진력이 잠복해 있는 상태인 것입니다.

어떻게 보면 노자는 이 세상을 사는 데 좀 무능해 보일 수도 있는, 손해만 볼 수도 있는 처세훈을 가르친 것 같습니다. 그러나 명성을 위해서 사는 연예인이나 개발 연구원들이 직위를 탐내고 재물을 탐낸다면 그 창조력이 제대로 나타날 리가 없지 않겠습니까? 게다가 이런 재능들은 주로 자기 자신과의 싸움이 대부분인데, 오히려 노자를 본받아 무심·무욕의 마음으로 연예·예술에 정진하는 것이 올바르다고 하겠습니다.

장자 : 잡념 떨치니 평화로운 마음

장자가 주장한 것은 노자보다 더하면 더했지 못한 것이 없습니다. '무용의 용(無用之用)'을 주장했기 때문입니다. 또한 좌망(坐忘), 즉 무심의 경지, 모든 잡념을 떨쳐 버린 상태에서 명경지수(明鏡止水)의 마음으로 돌아가라고 했으니, 노자의 무위(無爲)보다 더 나아가서 무용(無用)을 부르짖었습니다.

속세를 떠난 마음가짐…… 이것도 예술, 연예인, 창조인이 가져야 하는 마음이 아닐까요?

손자 : 백전백승 승부의 세계

손자가 주로 설파한 것은 승부의 세계에 관한 것입니다. 사전 준비를 충분히 하여 물 샐 틈 없이 막아 놓고, 기회를 보아 지모로 승리하라고 가르치고 있습니다.

그렇다면 '지모로 승리한다'는 것은 무엇일까요?

외교력으로 상대방의 의도를 봉쇄하고, 모략 활동으로 상대방 내부를 와해시키는 행위를 말하는 것입니다.

지도자로서 갖추어야 할 덕목은 다음과 같습니다.

지(智)   예지력, 선견지명을 말합니다. 남보다 먼저 보고, 먼저 준비하고, 먼저 공격해야 이긴다는 것입니다. 이것이 승산을 판단하는 최고 기준이 되는 것이므로, 무엇보다 가장 중요한 덕목이고 필히 갖추어야 하는 것입니다.

용(勇)　용기, 결단을 내릴 수 있는 용기를 말합니다. 특히 승산이 없을 때 멈출 줄 알고, 좋은 때를 위해 준비할 줄도 알며, 아주 불리할 때는 후퇴할 줄도 아는 용기! 이것이 진정한 용기입니다. 잘될 때 전진하는 것이야 누가 못하겠습니까? 좋을 때는 안 좋을 때를 예상해서 대비해야 하는 것입니다.

신(信)　약속을 준수하는 것입니다. 특히 부하와의 약속을 깨면 그것은 통솔에 문제가 생기므로 꼭 지켜야 합니다.

엄(嚴)　준엄하고 엄격한 의사 표시이며, '신상필벌'이라 하여 잘하면 상을 주고 못하면 벌을 주는 것입니다. 특히 필벌은 꼭 지켜야 하는데, 잘못한 사람을 그냥 놓아 두면 법이 흐트러지기 때문입니다.

인(仁)　그 사람 입장이 되어서 그 사람을 생각해 주는 마음, 상대방이 생각하는 방법과 착상, 아이디어를 알아주고 평가해 주는 것입니다. 그것이 있어야 부하들이 믿고 따르지 않겠습니까?

여기서 지(智)와 용(勇)은 상대방, 적을 무찌를 때 쓰는 성격입니다. 엄(嚴)과 인(仁)은 내부 부하를 다스리는 데 필수 덕목이고, 신(信)은 부하와 자기 편에게 사용하는 덕목입니다.

그리고 여기에 덧붙여 정(靜), 냉정, 냉철, 평정, 진정과 유(幽), 깊이를 측량할 수 없는 마음가짐으로 임해야 한다고 말했습니다.

한비자 : 이득으로 사람을 다스리라

한비자에서 말하는 것은, '모든 인간의 행위 내부에는 이득을 좋아하는 마음이 있다'는 것입니다. 이득으로서 유인하고, 이득으로서 사람을 다스리라는 것입니다.

영도자가 갖추어야 될 덕목에는 법(法), 술(術), 세(勢)가 있습니다.

법(法) '신상필벌'을 강조합니다. 일단 법을 세우고, 이 법에 맞춰 꼭 실행해 나가야 한다는 것입니다.

술(術) 부하를 통제하는 방법입니다. 신하를 이로운 무기로 만들어 나에게 유리하게 이용ㆍ조정하라고 하며, 부하는 일단 완전히 불신임하는 데서 시작하라고 말하고 있습니다.

세(勢) 부하를 통제하고 다스리는 권한, 나라를 다스리는 권세를 말하며, 절대로 남에게 넘겨주면 안 된다는 것입니다. 상벌 권한, 인사권, 남을 평가하는 권한 모두를 말합니다.

한비자는 주로 내부 부하를 다스리는 법을 많이 설파했고, 이탈리아의 마키아벨리와 같은 논조가 많이 보입니다.

삼국지 : 고전이 된 처세 참고서

『삼국지』에서는 조조와 유비와 제갈량에 대해서만 언급하겠습니다.

조조는 난세의 긴웅(奸雄)이라고 일컬어지는 사람입니다. 이는 넉보다는 재능이 우수한 사람이라는 뜻이고, 정말 그가 행한 전쟁이나 인재 등용법은 상당 부분 손자병법을 기본으로 했다고 합니다. 이는 그가 『손자병법』에 주석을 단 것이 발견됐기 때문입니다.

유비는 유현덕이라고도 하는데, 현(賢)은 총명, 덕(德)은 어진 마음을 뜻합니다. 총명이란 부하의 능력, 장단점을 아는 마음입니다. 덕은 겸허·겸양으로서 부하에게 낮은 태도로 양보하므로, 신뢰감이 생겨 부하들을 똘똘 뭉치게 만드는 것입니다.

제갈량은 중국 만세의 가장 존경 받는 재상입니다. 솔선수범, 공정무사, 청빈, 간소, 소박한 생활로 만인의 지표가 된 사람입니다.

이들의 덕과 재능과 사람됨을 유의하여 읽으면 좋은 처세 참고서가 될 것입니다.

소질별 추구하는 세계와 필요한 책

① 지위 추구의 세계(리더형, 보스형 사주)

『논어』, 『맹자』, 『삼국지』를 주로 읽고 『한비자』, 『손자』를 참고할 것.

② 재물 추구의 세계(축재형, 사업가형 사주)

『손자』, 『한비자』를 주로 읽고 『맹자』를 참고할 것.

③ 명성 추구의 세계(예술가형, 창조 개발형 사주)

『노자』, 『장자』를 주로 읽고 『삼국지』를 참고할 것.

④ 정신적 명예 추구의 세계(교육가형, 벤처가형 사주)

『노자』, 『장자』를 주로 읽고 『삼국지』를 참고할 것.

⑤ 자존심, 실행력 추구의 세계(독립 자영업, 공동 투자가형 사주)

『삼국지』를 주로 읽고 『맹자』, 『한비자』, 『손자』, 『노자』를 참고할 것.

월간 시간 \ 일간	甲乙	丙丁	戊己	庚辛	壬癸
甲乙	5	4	1	2	3
丙丁	3	5	4	1	2
戊己	2	3	5	4	1
庚辛	1	2	3	5	4
壬癸	4	1	2	3	5

표 보는 법　월간 일간 시간은 만세력에서 자신의 생년월일시로 찾는다. 인터넷 검색 사이트에서 검색어 '만세력'을 치고 자신의 생년월일시를 입력하면 알 수 있다.

예) 1970년 8월 15일 6시 : 庚戌年 甲申月 丁卯日 壬寅時이며, 일간은 丁, 월간은 甲, 시간은 壬이며, 4번(교육가형, 벤처가형 사주)과 1번(리더형, 보스형 사주)이 권하는 책을 읽으면 된다.

진정한 영웅들의 대야망

"veni, vidi, vici.(왔노라, 보았노라, 이겼노라)", "주사위는 던져졌다", "부르터스, 너마저도……" 등 많은 명언을 남긴, 서양 사상 최대의 영웅 카이사르. 인심 파악의 귀재이며, 민중과의 친밀성은 아무도 따를 수 없는 그만의 천성! 뛰어난 웅변술과 전략 전술의 천재요, 돈을 빌리는 데도 천재라고 일컬어졌던 영웅. 정적에게도 '인자한 사람'이라 불리었던 그도 가장 믿었던 부하 부르터스에게 암살 당하는 비극의 영웅이 되고야 말았습니다.

"나는 몽골의 푸른 늑대요, 너희는 신의 군대다", "나를 따르면 모든 전쟁에서 승리할 것이니 너희에겐 패배란 있을 수 없다"고 갈파하며 대몽골과 유럽과 중국 대륙을 석권한 칭기즈칸. 그는 왜 영웅인가? 그토록 주변 국가를 완전 파괴하며 초토화하는 거대 기병 군대를 이끌었지만, 파괴 뒤에 철저한 국가 기율에 의한 문명 혜택을 그들에게 주었기 때문에 영웅의 칭호를 받는 것입니다. 또한 처참한 불행기에 그가 보여 준 진정한 용기와 통치의 건전성, 그리고 인재 확보를 위해 최선을 다한 국가 경영 철학이 그를 진정한 영웅으로 받들게 하는 것입니다. 서양에서는 그를 '야만인 알렉산더'라 부른답니다.

요즘 카이사르의 『갈리아 전기』와 칭기즈칸을 CEO로 비유한 책들이 서점가에 많이 나와 있으니, 그들의 웅대한 야망과 대 스펙터클을 한번 접해 보는 것도 유익할 것입니다.

카이사르
Caesar, Gaius Julius

로마 출생. 시저라고도 한다. 서양 사상 가장 큰 영향을 남긴 사람의 하나이다. 유서 깊은 귀족 집안 출신이었으나, 그 조상에 유명한 정치가는 없다. BC 69년 재무관, BC 65년 안찰관(按察官), BC 63년 법무관 등 여러 관직을 역임. 인심 파악의 수완이 능하여, 민중과 친근한 입장에 서서 로마와 기타 속주(屬州)에서 군무와 실제 정책 운영 면에서 착실하게 성과를 거두어 명성을 획득, 대정치가로서의 기반을 구축하였다.

BC 60년 폼페이우스, 크라수스와 함께 제1회 3두동맹(三頭同盟 : 제2회 3두동맹이 공식적인 것에 반해 이것은 사적인 것)을 맺고, 이것을 배경으로 하여 BC 59년에는 공화정부 로마의 최고 관직인 콘술(執政官)에 취임하였다.

콘술로서 국유지 분배 법안을 비롯한 각종 법안을 제출하여 민중의 인기를 크게 얻었다. BC 58년부터는 속수 갈리아의 지방상관이 되어 BC 50년까지 재임중 이른바 갈리아전쟁을 수행하였다. 오랜 갈리아전쟁은 그의 경제적 실력과 정치적 영향력을 증대시켰다. BC 53년 크라수스가 메소포타미아에서 쓰러지자 제1회 3두정치는 붕괴되고, 원로원 보수파의 지지를 받은 폼페이우스와도 관계가 악화되어 마침내 충돌하기에 이르렀다.

군대를 해산하고 로마로 돌아오라는 원로원의 결의가 나오자 BC 49년 1월, 그 유명한 "주사위는 던져졌다"라는 말과 함께 갈리아와 이탈리아의 국경인 루비콘 강을 건너 로마를 향하여 진격을 개시하였다. 우선 폼페이우스의 거점인 에스파냐를 제압한 다음, 동쪽으로 도망친 폼페이우스를 추격하여 BC 48년 8월 그리스의 파르살로스에서 이를 격파하였다.

그후 패주하는 폼페이우스를 쫓아 이집트로 향했으나 그가 알렉산드리아에 상륙하기 전에 폼페이우스는 암살을 당했고, 카이사르는 그곳 왕위 계승 싸움에 휘말려 알렉산드리아전쟁이 발발하였다(BC 48년 10월~BC 47년 3월). 전쟁에서 승리를 거두며 클레오파트라 7세를 왕위에 앉히고, 그녀와의 사이에 아들 카이사리온(프톨레마이오스 15세)을 낳았다.

1인 지배자가 된 그는 각종 사회 정책(식민·간척·항만·도로 건설·구제 사업 등), 역서의 개정(율리우스력) 등의 개혁 사업을 추진하였다. 종신 독재관을 비롯한 각종 특권과 특전이 그에게 부여되었다. 그러나 이와 같이 권력이 한몸에 집중된 결과, 왕위를 탐내는 자로 의심을 받게 되어 부르터스와 카시우스 롱기누스를 주모자로 하는 원로원의 공화정 옹호파에게 원로원 회의장에서 칼에 찔려 죽었다(BC 44년 3월 15일).

"인사(人事)를 다하고 운명의 여신의 도움을 바라야 한다"고 주장한 것도 카이사르였다. 그는 또 자신의 정적(政敵)을 마음속으로 받아들이는 '인자한 사람'으로도 알려졌다. 카이사르가 인정이 많은 것은 그의 본성이었는지 아니면 단순한 정책적 의도에 의한 것인지에 대해서는 여러 가지 의견이 있으나, 어쨌든간에 융화적인 자세는 자신의 세력권을 늘리는 데 도움이 되었다.

'돈을 빌리는 천재'라고도 일컬어진 그는, 또한 인간적 매력도 풍부하여 뛰어난 웅변술과 함께 인심을 모으기에 충분하였다. 실전의 영웅일 뿐만 아니라 군략을 짜내는 장군으로도 탁월한 재능을 보이고, 또 한편으로는 인심의 향방을 정확하게 파악할 줄 아는 민중파 정치가로서 사회 개혁의 실효를 거두었다. 뿐만 아니라 제1급의 문인으로도 알려져 있다.

칭기즈칸
成吉思汗, Chingiz Khan

몽골제국 창시자. 묘호(廟號) 태조(太祖). 아명 테무친(鐵木眞 Temsjin). 몽골 오넌강 상류지방 출생.

어렸을 때 아버지가 타타르 부족에게 독살되어 부족이 흩어졌기 때문에 빈곤 속에서 성장하였다. 당시 강세를 자랑하던 케레이트 부족의 완칸 아래서 점차 세력을 키워, 1189년경 몽골씨족연합의 맹주(盟主)에 추대되어 '칭기즈칸'이란 칭호를 받게 되었다. 1201년 자다란 부족의 자무카를 격파하고, 타타르·케레이트를 토벌하여 동부 몽골을 평정하였으며(1203), 군제(軍制)를 개혁한 후 서방의 알타이 방면을 근거지로 하는 나이만 부족을 격멸하고(1204) 몽골 초원을 통일하였다.

1206년 오논 강변 평원에서 집회를 열고, 몽골제국의 칸에 오르면서 씨족적 공동체를 해체, 군사 조직에 바탕을 둔 '천호(千戶)'라는 유목민 집단을 95개 편성하였다. 천호 및 그 하부 조직인 백호는 동시에 행정 단위이며, 천호장·백호징에는 공신늘을 임명하여, 이들을 좌익(左翼)·중군(中軍)·우익(右翼)의 만호장 지휘하에 두었다.

즉위한 이듬해 서하(西夏)를 점령하고, 금(金)나라에 침입하여 그 수도인 중도(中都 : 지금의 베이징)에 입성하였다(1215). 또 서아시아 이슬람 세계의 패자(覇者) 호레즘국과 교역하려고 파견한 사절단이 살해되자, 이것을 계기로 서정(西征)에 올랐다(1219).

결국 호레즘 국왕 무하마드를 카스피 해상의 작은 섬으로 내몰아 굶어 죽게 하였고(1220), 다시 카프카스 산맥을 넘어 남러시아로 출동, 러시아 제공(諸公)의 연합군을 하르하 강변에서 격파하였다(1223). 본군은 그에 앞서 발흐를 점령하고 인더스 강변에서 싸워 크게 격파하였다(1221).

그러나 뜨거운 열기에 견딜 수 없어 철군하기로 결정하고, 차가타이·오고타이군과 합세하여 귀국하였다(1225). 이때 이슬람교도의 공예가와 장인(匠人)의 기술을 높이 평가하고 그들을 포로로 데리고 왔다. 정복한 땅은 아들들에게 각각 분할해 주어 나중에 한국(汗國)을 이룩하게 하였으나, 몽골 본토는 막내아들 툴루이에게 주기로 하였다.

이어 1226년 가을 서정(西征) 참가를 거부한 서하를 응징하려고 서하의 수도 닝샤(寧夏)를 포위하였으나 간쑤성 칭수이현(淸水縣) 시장(西江) 강변에서 병사하였다. 그는 샤머니즘 신자였으나 다른 종교에 대해서도 관대하였고, 외래 문화의 흡수에 노력하였다.

특히 위구르 문화를 사랑하여 나이만 정벌 당시 포로로 데리고 온 위구르인 타타동가에게 여러 아들들로 하여금 위구르 문자를 배우게 하였고, 그것을 국자(國字)로 채용하였다. 이 위구르 문자로부터 몽골 문자와 만주 문자가 만들어졌다. 또 요(遼)나라 유신(遺臣) 야율초재(耶律楚材)와 위구르인 진해(鎭海)를 중용하고, 그 교양과 정치적 능력을 이용하여 정복지 통치에 힘을 기울였다.

① 카이사르(시저)

운명요소 경진년 계미월 임인일 병오시(庚辰年 癸未月 壬寅日 丙午時)

② 칭기즈칸(성길사한)

운명요소 을해년 경진월 무진일 무오시(乙亥年 庚辰月 戊辰日 戊午時)

1. 소질 검색

① 카이사르(庚←癸→壬←丙)

첫번째는 임←경(壬←庚)의 관계입니다. 이 둘의 관계는 창조성으로도 작용하고 반짝 아이디어로도 작용하는, 아주 탁월한 소질입니다. 〈천재 경영과 천재 감별법〉에도 나와 있는 ② 예술 창조 개발형과 ③ 기발 반짝 아이디어형의 A급 천재에 속합니다. 온화하며, 상대 입장을 고려하고, 고객 확보에 비상한 재주가 있으며, 언어 전달 능력과 사교력에도 탁월합니다. 예술적 감수성, 감정적 정서, 문필력도 뛰어나다고 설명했었죠. 기억하십니까? 또한 독자적 성향과 자기 추종 세력을 잘 만들고, 이해력·영오력이 뛰어나고, 두뇌 운용 능력이 매우 높다고 하였습니다.

두 번째는 임↔병(壬↔丙)의 관계입니다. 이 관계는 천재적 영업능력으로서, 특 A급으로 추앙받는 대단한 소질입니다. 어떠한 인간 관계, 교유 관계도 상대방을 존중하면서 유지하므로 민심 파악과 인간 관계가 최고인 소질입니다.

세 번째는 임←계(壬←癸)의 관계입니다. 남의 도움이 자연스럽게 이루어지며 인자한 성품입니다.

한마디로 카이사르는 재능 · 재주에 천부적인 능력을 타고난 '운명의 총아' 사주, 항상 운명의 여신이 도와주는 사주라고 해야 옳겠습니다.

② 칭기즈칸(乙←庚←戊 · 戊)

여기서도 먼저 무→경(戊→庚)의 관계가 대단합니다. 〈천재 감별법〉에서 A급으로 분류된 창조 능력의 천재입니다. 예술 창조 개발형으로서 카이사르의 임←경과 거의 같은 수준의 소질입니다. 다만 카이사르가 통박 · 맥을 잘 짚고 그것을 자기 것으로 소화하는 요령이 대단한 반면, 칭기즈칸의 창조형은 대기만성을 각오한 꾸준한 노력형이라 하겠습니다. 이렇게 투파십간사주에서는 같은 식신사주(사주용어로, 둘다 식신사주)라도 그 속뜻은 매우 차이가 난다는 것에 탁월한 변별력이 있다고 하겠습니다.

두 번째는 무(戊)와 을(乙)의 관계입니다. 먼저 무→을(戊→乙)은 윗사람을 공경하는 성격이 강합니다. 그러나 법에 어긋나면 절대 마음속으로 경복하지 않는 철두철미한 소질입니다. 또한 을←무 (乙←戊)의 관계는 상대방을 존중하면서 꼼꼼하게 간섭하는 타산성, 계산성이 돋보이는 성질입니다.

세 번째는 무 · 무(戊 · 戊)의 관계입니다. 철저한 자기 독립성, 주체성이 강한 소질입니다.

┃ 소질 종합 판단

카이사르가 우수한 창의력, 웅변력, 깜짝 아이디어와 교유 능력, 민심 파악 능력이 탁월합니다. 그러나 칭기즈칸의 자기 것 챙기는 타산성, 계산성, 꼼꼼성의 소질이 결여되어 결국 왕국을 다른 자들에게 넘겨주었다고 보여집니다.

소질표

라이벌	형 태	사주용어	특 징	소질형(급수)	
카이사르	壬←庚	편인	이해력, 영오력, 발명가	적극 찬스 개발형	B→A
	壬←癸	겁재	모험, 자기 포장	공동 투자가형	B
	壬↔丙	편재	영업력, 교유 능력, 사업 능력	대등 간섭형	특A
	庚→壬	식신	예술, 창조 개발형	통박, 요령 노력형	B→A
칭기즈칸	戊→庚	식신	예술, 창조 개발형	대기만성 노력형	B→A
	戊→乙	정관	사람 관리, 리더형	상사 보호형	C
	戊·戊	비견	독립 투자가형	독립 주체가형	C
	乙←戊	정재	꼼꼼, 재무 관리형	은정 간섭형	특A

2. 욕망 검색

① 카이사르(壬일에 未월)

리더가 되고 싶은 욕망, 인기인이 되고 싶은 욕망, 그리고 계산적 교유 욕망(천간에 투출되어 큰 동기 부여가 되었음)이 있습니다. 리더가 되고 싶고 인기인이 되고 싶은 것은 소질로 투출되지 못하고, 잠재의식 속에 파묻혀 끈 모를 욕망의 늪 속에 빠진 것입니다.

② 칭기즈칸(戊일에 辰월)

자기 주체성, 자기 확인 욕망, 나르시시즘의 욕망이 꽤 깊숙이 자리잡고 있습니다. 또한 리더가 되고 싶은 욕망과 자기 것으로 꼭 챙기고야 마는 타산성이 들어가 있습니다.

| 욕망 종합 판단

카이사르가 더 큰 욕망으로 꽉 차 있습니다. 그것은 욕망이 소질로 표출되지 않는 통에 그리된 것입니다.

3. 본능 검색

라이벌	동물이름	사주용어	겉에 보이는 것(방어용)	속에 숨긴 것(공격용)
카이사르	용	진(辰)	시원시원, 적극적, 딱 부러짐	감각적, 두뇌 총명, 실행력
	양	미(未)	보수, 온화, 완고 친절, 인정미	분석력, 빈틈 없음, 집요함
	범	인(寅)	자존심, 대담, 기지, 인내력	관찰력, 심사 원려, 호시탐탐
	말	오(午)	정직, 자유분방, 교제,	기지, 요설, 감수성
칭기즈칸	돼지	해(亥)	맹렬, 고집, 돌진, 솔직	정의감, 사명감, 상상력
	용	진(辰)	시원시원, 적극적, 딱 부러짐	감각적, 두뇌 총명, 실행력
	말	오(午)	정직, 자유분방, 교제,	기지, 요설, 감수성

4. 개성 검색

라이벌	사주용어	태도(겉모습)	능력(속모습)
카이사르	경(庚)	민감, 의협심, 큰것 대충	능변, 이해력, 과단력
	계(癸)	순진, 신경 예민, 결벽	감정 세밀, 심사숙고, 공상, 환상
	임(壬)	낙관, 총명, 지혜	임기응변, 힘, 영감
	병(丙)	성급, 친절, 관대	이해력, 관찰력
칭기즈칸	을(乙)	유순, 온화	계산 면밀, 점유욕, 표현 능력
	경(庚)	민감, 의협심, 큰것 대충	능변, 이해력, 과단력
	무(戊)	낙천적, 자기 중심, 명예	합리적 관리 능력

카이사르는 정말 존경할 만한 인물입니다.

그는 육체적으로 매우 약한 사람이었다고 합니다. 도저히 전쟁터에 나갈수 없을 정도로 몸이 약하고, 또 간질병(옛날에는 황제만 걸린다고 하여 오히려 존경받았다고 함)까지 있어서 고된 군무와 행군에는 많은 고통을 맛보았죠.

그러나 꼭 병사들의 앞에 서서 진군했고, 또 쓰러지기도 많이 했다고 합니다. 부하들은 이 약한 대장이 그래도 자기들과 생사고락을 같이 하는 것이 대견하고 안쓰러워서 매우 아끼고 목숨 바쳐 충성을 했습니다.

옛날 중국에 '악비'라는 장수가 부하들과 생사고락을 함께 했는데, 이 사람이 모병하러 가면 부모들이 울곤 하였답니다. 악비는 부하의 곪은 다리를 입에 대고 고름을 빨아서 치료할 정도여서 부하들은 목숨 바쳐 보답하는 것을 당연히 여겼답니다. 그래서 죽은 병사의 부모들은 악비만 보면 "또 아들이 죽겠구나" 하며 울었다는 것이죠.

카이사르도 그런 부류의 장수였나 봅니다.

칭기즈칸, 아명이 테무진인 그가 어렸을 때 고생한 이야기는 정말 처절합니다. 그러나 그 고생을 꾹꾹 눌러 참고 자기의 큰뜻을 실현시키기 위해 불철주야 애쓰는 그의 모습이 눈에 선합니다.

모두들 고생을 사서 하면서 자기의 용량, 케이퍼를 늘린 대영웅들입니다.

카이사르의 『갈리아 전기』를 읽어 보시기 바랍니다.

누가 미래의 개척자인가

"ASK NOT what your country can do for you, ASK what YOU CAN DO for your country(조국이 여러분을 위해 무엇을 할 수 있을 것인지 묻지 말고, 여러분이 조국을 위해 무엇을 할 수 있을지 자문해 보십시오)."

"국가는 시민의 하인이지 주인이 아닙니다."

"만일 자유 사회가 가난한 다수를 도울 수 있다면, 아울러 부유한 소수도 구원할 수 있어야 합니다."

케네디 대통령의 절절한 목소리가 들려오는 듯합니다. 그가 부르짖은 것은 '미래를 향한 개척 정신의 함양' 그것이었습니다. 미래는 항상 누구에게나 열려 있습니다. 그러나 보이지 않으므로 불안합니다. 그것을 기획하고 자기 역량의 200%를 과감히 투자하는 민족에게는 전진과 성장이, 그렇지 않은 자에게는 퇴보가 있을 뿐입니다. 과거를 향한 반성은 그것 하나만 고치는 것으로 끝나고 말지만, 그 귀중한 시간이 앞날보다 과거에 매인다면, 전진을 향한 마음가짐에 쉼표나 마침표가 찍힌다는 것을 명심해야 합니다. 과거가 미래보다 중요하다는 말은 아무 소득이 없는 공론일 뿐입니다.

케네디는 외치(外治)나 내치(內治)에 큰 성공을 거둔 대통령은 아닙니다. 그렇지만 그가 오래도록 전 인류에게 기억되는 것은, 모든 민족에게 과거보다는 미래를 향하도록 설득했기 때문입니다.

닉슨은 당시 아이젠하워 대통령 밑에서 부통령을 하던 분입니다. 모두 다 닉슨의 정치력을 믿고 있었기 때문에 그가 대통령이 되리라고 생각했죠. 결과는 선거 사상 처음 실시된 TV 토론에서 결판이 나고 말았습니다. 케네디는 여유만만한 자신감과 엷은 웃음으로 대중을 향한 토론을 한 반면, 닉슨은 케네디에게만 이기면 된다는 식으로 초조하게 토론했죠. 결국 유권자들은 초조하고 불안해 하며 땀 흘리는 닉슨보다는, 미래를 향한 집념으로 미국민에게 자신감과 사명감을 불어넣어 준 케네디를 택한 것입니다.

여기서 잠깐, 미국 대통령 선거가 임박했으니 부시 대통령 긴급 진단 한번 해볼까요?

미국 대통령 선거는 간접 선거입니다. 유권자의 표를 각 주마다 이긴 사람에게 몰표로 몰아 주므로 예측하기가 무척 힘듭니다.

부시 대통령의 운은 '역할운'에서 보면 자대운(子大運)으로서 아직 좋은 역할(테러 종결 역할)이 남아 있다는 운인데, 그러나 '재수운'에서 보면 금년이 갑년(甲年)으로서 부시의 운명요소에 큰 타격을 주는 해가 될 것입니다. 또한 갑월(甲月, 10월), 을월(乙月, 11월), 병월(丙月, 12월)은 나쁜 편이므로 큰 피해가 예상됩니다.

결국 남각비결(南覺秘訣)로 본 부시 대통령의 금년 운세는 10월 이후 고난이 예고되고 있습니다. 10월은 믿는 도끼에 발등이 찍히거나 혹은 하찮은 일을 얕잡아 보다 손해 보는 운, 12월은 관재구설수, 즉 법적으로 문제가 생길 수도 있는 운이 되므로 선거에 고전을 하리라 예단해 봅니다.

즉 대운은 좋으므로 대통령 역할은 아직 기대되나, 세운과 월운이 나쁘므로 재수없이 고생한다는 운입니다. 케리 후보와 비교해야 정확하지만 케리의 운명요소가 알려지지 않아 이 점 아쉽습니다(대운은 역할운을 보고 세운은 재수운을 봄).

자, 이제 라이벌을 소개합니다.

케네디

Kennedy, John Fitzgerald, 1917.5.29-1963.11.22

메사추세츠 주(州) 브루클린 출생. 하버드대학에서 정치학을 공부하였으며, 학위 논문 〈영국은 왜 잠자고 있었나 Why England Slept〉(1940)는 베스트셀러가 되었다. 제2차세계대전 중에는 해군에 복무하였는데, 그가 승선한 어뢰정이 일본 구축함의 공격을 받아 격침되었으나 정장(艇長)으로서 부하를 잘 구출하여 전쟁의 영웅이 되기도 하였다. 1946년 메사추세츠 주 제11구에서 하원의원으로 당선되어 정계에 투신하였으며, 1952년 같은 주에서 상원의원으로 선출되었다. 1953년 《타임 헤

럴드》의 사진기자 재클린 부피에와 결혼하였으며, 1957년 『용기 있는 사람들 Profiles in Courage』로 퓰리처상을 받았다.

1958년 상원의원으로 재선되었으며, 1960년 대통령 선거에서 민주당 후보로 출마, '뉴 프런티어(New Frontier)'를 슬로건으로 내걸고 미국 국민의 헌신적인 협력을 호소하여 공화당 후보 닉슨을 누르고 승리하였다. 1961년, 미국 역사상 최연소이자 최초의 가톨릭 신자로서 제35대 대통령이 되었다. 케네디와 닉슨 간의 텔레비전 토론은 미국의 대통령 선거운동에 새로운 장을 열어놓았다. 대통령이 된 이후에도 웅변과 재기를 무기삼아 국민에게 호소하는 방법을 자주 이용하였으며, 또한 기자 회견 등에서도 텔레비전을 유효하게 활용하였다. 그러나 내정 면에서는 의회와의 관계가 원활하지 못하여 두드러진 업적을 이룩하지 못하였다.

한편 외교 면에서는 쿠바 미사일 위기에 즈음하여 핵전쟁의 위험을 무릅쓰고 소련의 총리 흐루시초프와 대결한 결과, 미국은 쿠바를 침략하지 않을 것을 약속하는 대신, 소련은 미사일 · 폭격기 등을 쿠바에서 철수하고 미국측의 사찰을 인정함으로써 소련과의 극적인 타협을 이루게 되었다. 이것을 계기로 소련과 부분적인 핵실험 금지 조약을 체결하였고, 미 · 소 간의 해빙 무드가 형성되었다. 또한 중남미 여러 나라와 '진보를 위한 동맹'을 결성하였고, 평화봉사단을 창설하기도 하였다. 베트남 개입에도 신중한 태도를 취하였으며, 중국 본토와의 재수교를 재선 후의 최대 과제로 삼았으나, 1963년 11월 22일 유세지인 텍사스 주 댈러스 시에서 자동차 퍼레이드 중 암살자의 흉탄에 치명상을 입고 사망하였다.

닉슨

Nixon, Richard Milhous, 1913.1.9-1994.4.23

1913년 캘리포니아 주(州) 요버린더에서 출생하였다. 피티어대학교와 듀크대학교에서 법률을 전공하고, 1937년 개인법률사무소를 개설하였다. 제2차세계대전 때는 해군 소령으로 참전하였으며, 종전 후인 1946년 캘리포니아에서 연방의회 하원의원에 공화당 후보로 출마하여 당선되었다. 하원시절에는 비미활동위원회(非美活動委員會)에서 알저 히스 등의 대소협력(對蘇協力)을 고발하여 반공주의자로 이름을 떨쳤다. 1950년 캘리포니아 주에서 상원의원에 당선되었고, 1952년 아이젠하워의 러닝메이트로 부통령에 당선되었으며, 1956년 재선되었다.

1960년 대통령 선거에 공화당 후보로 출마하였으나 민주당 후보 케네디에게 패하였고, 1962년 캘리포니아의 주지사 선거에서도 실패하여 한때 정계에서 물러나 변호사 생활을 하였다. 1968년 대통령 선서에서 민주당의 험프리를 누르고 당선되었고, 1972년 재선되었다.

미국과 중국의 관계 개선을 위하여 미국 대통령으로는 처음으로 중국을 방문하여 외교적 성과를 올렸고, 1969년 아시아 여러 나라에 발표한 '닉슨 독트린'은 유명하다. 그러나 '워터게이트 사건(Watergate Case)'으로 말미암아 1974년 8월 대통령직을 사임함으로써 미국 사상 처음으로 임기중에 사임한 대통령이 되었다. 1981년부터 1994년 뇌졸중으로 사망할 때까지 국제 문제 관련 집필과 국제 문제에 대한 뛰어난 통찰력으로 정부의 국제 문제 자문에 대한 조언 등 활발한 활동을 하였다.

자, 이제 운명요소를 비교해 볼까요.

① 케네디
생년월일 1917년 5월 29일 신시
운명요소 정사년 을사월 신미일 병신시(丁巳年 乙巳月 辛未日 丙申時)

② 닉슨
생년월일 1913년 1월 9일 술시
운명요소 임자년 계축월 경인일 병술시(壬子年 癸丑月 庚寅日 丙戌時)

1. 소질 검색

① 케네디(丁←乙←辛←丙)

케네디의 소질은 크게 3가지가 있습니다. 먼저 신→을(辛→乙)의 관계입니다. 이 소질은 교유·교제·영업 소질(사주용어 : 편재)입니다만, 여기서는 매우 히스테릭한 관계입니다. 즉 자기가 해야 하는 일, 하고 싶은 일에 대해서는 상대방이 질릴 정도로 간섭하여 기어코 일의 성패(成敗)에 결정적 역할을 하게 되는 것이죠.

두 번째는 신←병(辛←丙)의 관계입니다. 이 관계는 리더형 관리자 소질(사주용어 : 정관)입니다. 점잖지만 법에 어긋나는 행위에는 절대 용서가 없고, 명분 있는 일만 골라서 하는 소질입니다. 법에 무조건 복종합니다.

세 번째는 신→정(辛→丁)의 관계입니다. 이 관계는 매우 신중하여 나약해 보이는 결점, 그래서 남들이 혹시 겁쟁이라고도 오해할 수 있는 소질입니다. 그러나 속에는 권력 의지, 보스가 되려는 의지가 엿보입니다. 그리고 이것은 나약함을 일의 성패로 대체하여 보상받으려고 혼신의 용기로 무장하는 소질입니다.

② 닉슨(壬←癸→庚←丙)

닉슨도 3가지의 소질이 있습니다.

첫 번째는 경←계(庚←癸)의 관계입니다. 이 소질은 기술 창조 개발형(사주용어 : 상관)입니다만, 그리 좋은 편은 아닙니다. 즉 통박과 맥은 잘 잡는데, 그것을 내 것으로 만드는 요령이 부족하여 일의 수행에 성공하더라도 비극적 결말이 꼭 뒤따르는 소질입니다.

두 번째는 경←병(庚←丙)의 관계입니다. 이 관계는 보스형 관리자소질(사주용어 : 편관)입니다. 특히 투파십간사주를 보면, 경←병의 관계는 상사 압박형입니다. 즉 본인은 자연스럽게 일을 해도 상사나 윗사람들은 긴장하고, 자기를 압박한다고 생각하여 은근히 왕따를 시키곤 합니다.

세 번째는 경→임(庚→壬)의 관계입니다. 이 소질은 예술 창조 개발형(사주용어 : 식신)으로 작용하다가 때로는 임←경(壬→庚), 즉 기발반짝 아이디어형(사주용어 : 편인)으로도 작용하는 우수한 소질입니다.

▌소질 종합 판단

케네디는 소위 명리학에서 말하는 재관사주(財官四柱)입니다. 사업가로서도 성공하고, 고관으로도 성공하는 소질입니다.

그러나 닉슨은 관리자를 비평·비난하고 그 자리에 자기가 오르는, 이른바 상관견관(傷官見官) 사주입니다. 동양에서는 큰 점수를 주지 않는 사주죠. 즉 남을 없애고 자기가 그 자리를 차지하므로 덕(德)이 없다고 비난받는 소질인 것입니다.

소질표

라이벌	형태	사주용어	특징	소질형(급수)	
케네디	辛→乙	편재	교제, 영업 능력	파괴 간섭형	C
	辛←丙	정관	리더형 관리	절대 복종형	B
	辛←丁	편관	보스형 관리	소심 신중형	B
	丁→辛	편재	교제, 영업 능력	파괴 간섭형	C
닉슨	庚←癸	상관	기술 창조 개발	계산고요령무형	B
	庚←丙	편관	보스형 관리	상사 압박형	B
	庚→壬	식신	예술 창조 개발	노력형	B
	壬←庚	편인	기발 반짝 아이디어	적극 찬스 개발형	B

2. 욕망 검색

① 케네디(辛일에 巳월)

2가지의 욕망이 있습니다. 하나는 리더가 되려는 욕망(사주용어 : 정관)인데, 이것은 소질에 정(丁)으로 투출되었으므로 리더가 되려는 동기 부여로서 성공적으로 작용합니다. 두 번째는 공동투자 욕망, 모험 욕망입니다. 이것은 투출이 되지 않아 달성되지 못한 '그림자'('융' 심리학 용어)로 남아서 끝까지 본인을 괴롭힙니다. 즉 혼자 있기를 겁내며, 모험으로 그것을 극복하려고 합니다.

② 닉슨(庚일에 丑월)

첫번째는 자기 표현 욕망, 인기 얻으려는 욕망(사주용어 : 상관)입니다. 이 소질은 천간에 임(壬)으로 투출되어 기술 창조 소질로서 훌륭한 동기 부여가 되었습니다.

두 번째는 이용 욕망입니다. 보통 자료 수집 욕구로 발현되든가, 아니면 다른 사람을 이용하고 자기는 뒷전에 앉는 것입니다. 이 욕망은 투출되지 않았으므로 달성되지 못한 '그림자'로 남아 항상 이 유혹을 뿌리치지 못합니다.

▌ 욕망 종합 판단

케네디는 단연 리더 정치가나 고관이 될 욕망이 돋보입니다. 닉슨은 개혁 · 창조 · 비평 전문가의 욕망이므로, 나라 다스리는 데는 케네디가 앞선다고 하겠습니다.

3. 본능 검색

① 케네디(巳 · 巳➡未➡申)

뱀띠의 본능이 가장 강력합니다. 조심성과 척후성, 조준 사격은 아무도 그의 손아귀를 벗어나기 힘들겠죠. 또한 원숭이띠의 관찰력과 순발력도 알아줘야 합니다.

② 닉슨(子⬅丑⬅寅➡戌)

쥐띠의 생산성과 민첩함, 소띠의 완고하리만치 고집 센 일 수행력,

범띠의 공격적 관찰력과 호시탐탐, 그리고 개띠의 과도한 사명감이
아울러 있는 복잡한 본능입니다.

본능표

라이벌	동물이름	사주용어	겉에 보이는 것(방어용)	속에 숨긴 것(공격용)
케네디	뱀	사(巳)	온화, 교제, 상대방 이해	임기응변, 감수성, 의심, 조준 사격
	양	미(未)	보수, 인정, 친절	분석, 노력, 집요
	원숭이	신(申)	쾌활, 명랑, 친절	영리, 관찰력, 이해 흡수력
닉슨	쥐	자(子)	온화, 명랑	직관, 예민, 심사숙고, 민첩함
	소	축(丑)	친절, 온정, 정리	괴팍, 보수, 완고
	범	인(寅)	자존심, 기지, 인내력	관찰력, 심모 원려
	개	술(戌)	정직, 성실, 온순	책임감, 승부욕, 직관

4. 개성 검색

라이벌	사주용어	태도(겉모습)	능력(속모습)
케네디	정(丁)	예의, 열정, 자기 희생	주도면밀, 개혁 능력
	을(乙)	유순, 온화	계산 면밀, 점유욕, 표현 능력
	신(辛)	감수성, 자존심, 친구 많음	두뇌 회전, 거절 못함
	병(丙)	성급, 친절, 관대	이해력, 관찰력
닉슨	임(壬)	낙관, 총명, 지혜	임기응변, 힘, 영감
	계(癸)	순진, 신경 예민, 결벽	감정 세밀, 심사숙고, 환상
	경(庚)	민감, 의협심, 큰것 대충	능변, 이해력, 과단력
	병(丙)	성급, 친절, 관대	이해력, 관찰력

케네디 대통령이 암살당한 날, 우리는 정말 슬펐습니다.

미국 국민들 중에는 우는 사람도 많았습니다.

케네디

우리는 외국의 대통령이 죽었는데 왜 그리 슬펐는지 모릅니다. 가슴이 답답하고 막막하고, 그저 억울하고 분했습니다.

선거전에 돌입해서 그가 한 연설과 그 목소리……

"NEW FRONTIER!!"를 외치던 그 지성적인 태도와 진지함이 아마도 우리에게 뭔지 모를 희망과 막연한 도전 정신을 일깨워 주었는지도 모릅니다.

그런 그를 우리는 존경과 사랑으로 느꼈던 모양입니다. 마치 우리 마음속에 희망의 '자가 발전소'인양 그를 모셨고, 그가 바로 우리의 신, 우상, 절대아였나 봅니다.

그가 죽고 나서 한동안 공부도 되지 않고, 그저 멍했습니다. 그때 나는 대학교 1학년이었습니다. 그리고 그때 우리는 이미 세상이 그렇게 호락호락한 곳이 아니고, 또 선한 사람만 사는 곳도 아닌, 선과 악이 혼재되어 있는 곳, 아니 악이 오히려 더욱 선을 핍박하며 사는 곳이라는 것을 어렴풋이 깨닫게 되었습니다.

우리의 인생관은 분홍빛에서 회색빛으로, 그리고 점점 더 검은빛으로 변해 가기 시작했습니다.

선한 자를 보호하는 자연적인 보호 장치도 없고, 결국 스스로 지켜야 한다는 것을 알게 한 사건이었습니다.

약육강식의 국제 무대, 요즘 우리가 서서히 먹이로 전락하고 있다는 느낌이 일어나는 것은 나만의 불안감일까요?

닉슨

어서 빨리 2만불, 3만불의 시대를 열어 가야 하지 않을까요?

219

골프 여왕과 골프 천재에게
어떤 일이 생긴 걸까

요즈음의 타이거 우즈와 박세리에 대해서 의아해 하는 분들이 많습니다. "도대체 뭐가 문제야?", "혹시 헝그리 정신이 없어진 거 아니야?", "아니 벌써 한계점에 도달했나?" 등등. 그러나 그럴까요? 그들은 사실 온 정신과 온 마음과 온몸이 프로 근성 하나만으로 똘똘 뭉친 사람들입니다.

프로 근성이란 무엇입니까? 진정한 프로가 되려면 어떻게 해야 하는지 아십니까? 프로는 먼저 그릇이 제대로 되어야 합니다. 속칭 케이퍼(capacity)가, 즉 용량이 질(質)과 양(量) 면에서 제대로 되어야 한다는 것이죠.

용량에는 여러 범주가 있습니다. 나열해 본다면, ① 정신적 용량 ② 인격적 용량 ③ 육체적 용량 ④ 동물적 용량이 그것입니다.

자, 이 용량들을 키우려면 어떤 훈련을 하는지 한번 생각해 볼까요.

첫번째, 정신적 용량을 키우기 위해서는 마음을 비우는 훈련을 주로 하게 됩니다. 명상·초월 등의 훈련인데, 어떤 환경에서도 절대로 흔들리지 않는 '절대적 자기', '우주심과 동일한 자기', '항구적 평상심'을 만들어 절망적 위기에서도 한 점 흐트러지지 않는 결연한 태도를 견지하기 위함입니다.

두 번째, 인격적 용량을 키우기 위해서는 주로 어린 나이에 시작하는데, 허드렛일·잡일·잔심부름 등으로 남의 밑에서 봉사하는 훈련을 실시합니다. 이래야 교만심이 없어지고, 또 남의 업신여김에도 잘 참고 견디는 것입니다. 교만과 분노는 프로에게 절대 불리한, 하나도 이로울 것 없는 성격입니다. 교만은 적을 가볍게 여기기 때문이죠.

세 번째, 육체적 용량을 키우기 위해서는 2가지 과학적인 프로그램으로 전문적 훈련을 실시합니다. 먼저 육체적 인내력을 위한 훈련으로, 바로 육체의 최대 한계를 늘리는 것입니다. 어떤 기후, 어떤 악조건에서도 견디는 육체를 만들기 위해 피나는 노력을 아끼지 말아야 합니다. 다음은 해당 종목의 기술 훈련입니다. 골프를 예로 들면, 천·지·인(天·地·人) 모두의 전문 지식을 완전히 몸에 배도록 훈련하는 것입니다. 천(天)은 기후·바람에 관한 지식과 훈련, 지(地)는 잔디나 땅의 상태에 골프공과 골프채 등에 관한 지식과 훈련, 인(人)은 골프 스윙 폼, 기타 코치·캐디와의 관계 등을 과학적 근거 하에서 훈련합니다.

이제 마지막으로 네 번째 동물적 용량은 승부 근성을 말합니다. 경쟁에서 꼭 이기고야 말겠다는 강한 의지, 집념을 모든 방법을 동원하여 훈련시킵니다.

대충 이런 훈련으로 다져져야 진정한 프로입니다. 이 모든 것에서 박세리는 최고의 점수를 받은 우수한 프로입니다.

그런데 왜 슬럼프에 빠져 탈출이 안 되는 걸까요.

그것은 프로가 아무리 풀려고 해도 풀리지 않는 수수께끼입니다. 프로는 슬럼프에 빠지면 앞의 ①에서 ④까지의 용량 훈련을 재점검 · 재평가하여 다시 그 훈련을 다람쥐 쳇바퀴 돌듯 반복 실시하기 때문이죠.

그러나 필자가 보기에 "그건 아니올시다"입니다.

사실 극심한 슬럼프에 빠져 헤어 나오지 못하는 것은, 그들의 용량 부족이 아니고 차라리 용량 과다입니다. 용량 과다로 마음이 한없이 무거워져서 생긴 병이라는 것이죠. 즉 한 단계 더 뛰어올라서 그 용량 과다를 평이한 수준으로 재수용해야 낫는 병이라는 말입니다.

자, 그럼 어떻게 고칠까요? 2가지 조언을 해보겠습니다.

첫번째 "이기려면 버려라"라는 말이 있습니다. 과도한 용량에 대한 한없는 집착, 그 집요하고도 끈질긴 고착 상태를 빨리 벗어 버리라는 것입니다. 훌훌 털어 버리고 인간 본연의 자연 자세로 돌아가는 것입니다. 무엇을 버릴까요? 먼저 승부 근성을 버립니다. 특히 승부 근성에 달라붙으면 융통성과 적응성, 임기응변이 절대적으로 부족하게 되고 몸과 마음이 경직됩니다. 굳어집니다. 그러면 필패합니다.

더 나아가서는 승부를 즐기라고 말하고 싶습니다. 이 말은, 패했을 때도 내가 지고 싶어서 졌다고 생각하라는 말입니다. 내가 상대편을 이기게 해주려고 일부러 졌다고 생각할 정도로 승부를 떠나십시오.

두 번째는 박세리의 운명요소에 있듯이 "한번 마음껏 나가 놀아라"

라고 권하고 싶습니다. 승부를 떠나서, 아니 시합을 떠나서, 아니 골프 자체를 떠나서 친한 친구들과 마음을 탁 터놓고 며칠간 지구가 떠나가라 외치고, 떠들고, 깔깔 대고…… 하여튼 후련하게 자기를 잊어보라고 권하겠습니다. 그러면 아마 그렇게 놀아 보지 못해서, 그런 것이 쌓여 무거운 병이 된 슬럼프는 다시는 찾아오지 않을 것입니다.

자, 그러면 운명요소로 비교해 볼까요.

① 타이거 우즈
생년월일 1975년 12월 30일 묘시
운명요소 을묘년 무자월 경술일 기묘시(乙卯年 戊子月 庚戌日 己卯時)

② 박세리
생년월일 1977년 9월 28일 술시
생년월일 정사년 기유월 무자일 임술시(丁巳年 己酉月 戊子日 壬戌時)

1. 소질 검색

① 타이거 우즈(乙←戊→庚←己)
첫번째는 경과 무, 기 (庚←戊, 庚←己)의 관계입니다.
이 관계는 〈천재 경영과 천재 감별법〉에서 언급한 대로 ③ 기술 반짝 아이디어형과 ④ 자료 수집 아이디어형의 A급 천재에 속합니다. 창조 능력보다는 모방과 직관, 눈썰미가 최고인 사주죠. 우즈의 골프는 번쩍이는 천재적 두뇌에 힘입은 바가 매우 크다고 하겠습니다.

두 번째는 경과 을 (庚➡乙, 乙⬅庚)의 관계입니다.

꼼꼼하고, 타산적인 소질입니다. 이 소질은 연습할 때도 무작정 욕심내서 많이 한다거나 하지 않고, 딱 적당한 정도로 끝내고 꼭 자기 점검을 하는 깔끔한 소질입니다.

② 박세리(丁⬅己⬅戊➡壬)

첫번째는 무와 임 (戊➡壬)의 관계입니다.

이 소질은 화통하고 교제 능력이 있는 사업가 소질입니다. 이 소질은 책상머리에 앉으면 머리가 복잡해져서 온갖 잡생각이 나지만, 시장통이나 백화점에 가면 머리가 맑아지고 모든 정보가 한눈에 확 들어옵니다. 지금 이 소질이 압박을 받아서 슬럼프가 된 듯 보입니다만, 이럴 때는 '쇼핑하기'나 '골동품 수집' 또는 친구들과 어울려 마음 껏 노는 것도 한 방법입니다.

하여튼 이 무와 임의 관계는 상대방을 존중하면서 상호 교유하므로 상당히 높은 점수의 사업가적 소질입니다. 아마 나중에 큰 사업가로 대성하리라고 봅니다.

두 번째는 무와 정 (戊➡丁, 丁⬅戊)의 관계입니다. 바로 이 관계가 골프의 여왕으로 등극케 한 소질입니다. 앞서의 〈천재 감별법〉으로 보면 ①기술 창조 개발형에서 A⁺⁺를 받은 천재 중의 최고 천재입니다.

이것은 우즈가 모방의 천재인 것에 비하면, 선천적으로 더욱 우수한 창조적 천재성이라 평가됩니다.

소질 종합 판단

선천적 천재성에는 박세리가 우즈를 능가합니다.

소질표

라이벌	형 태	사주용어	특 징	소질형(급수)	
타이거 우즈	庚←戊	편인	기발 반짝 아이디어	적극 찬스 메이커형	B→A
	庚←己	인수	자료 수집 아이디어	적극 찬스 메이커형	B→A
	庚→乙	정재	꼼꼼 타산성	지도 간섭형	C
	乙←庚	정관	법대로, 규정대로	영리 자제형	B
박세리	戊→己	겁재	공동 사업가형	공동 투자가형	C
	戊→壬	편재	영업, 교유, 사업가형	대등 간섭형	B
	戊→丁	인수	자료 수집 아이디어	찬스 대기형	C
	丁←戊	상관	기술 개발 창조형	천부 창조 재능형	특 A++

2. 욕망 검색

① 타이거 우즈(庚일에 子월)

자기 표현 욕망이 있습니다.

보통 자기 표현에는 손재주·말재주·글재주가 있지만, 우즈는 아마도 손재주로 그 욕망을 표현한다고 보면 됩니다. 천간 투출이 안되어 끊임 없는 잠재의식 속의 무한 욕망으로 마음을 괴롭힙니다.

② 박세리(戊일에 酉월)

우즈와 마찬가지로 자기 표현 욕망이 있습니다. 앞서의 〈천재감별법〉에서 욕망으로 본 천재 항을 보면 A급 천재에 해당하는 욕망입니다. 이 욕망도 천간 투출이 안 되어 끊임 없이 잠재의식 속에서 무한 욕망으로 마음을 괴롭힙니다.

▎욕망 종합 판단

박세리의 욕망이 우즈보다 우수합니다.

3. 본능 검색

① 타이거 우즈(卯←子←戌→卯)

토끼띠(卯)의 꾀와 집요함, 쥐띠(子)의 생산성, 개띠(戌)의 사명감으로 복합된 본능입니다.

② 박세리(巳→酉←子←戌)

뱀띠(巳)의 조심성과 조준 공격, 닭띠(酉)의 대중 과시성, 쥐띠의 생산성, 개띠의 사명감이 복합된 본능입니다.

본능표

라이벌	띠	겉에 보이는 성질(방어용)	속에 숨긴 성질(공격용)
타이거 우즈	토끼	낙천적, 침착	기회주의, 꾀, 심사 세밀
	쥐	온화, 명랑	직관 예민, 심사숙고, 영리 민첩
	개	정직, 성실, 온순	책임감, 승부욕, 직관, 경계심
박세리	뱀	온화, 교제	임기응변, 감수성, 조준 사격
	닭	조급, 허영, 친절	두뇌 회전, 심미감, 신경 예민
	쥐	온화, 명랑	직관 예민, 심사숙고, 영리 민첩
	개	정직, 성실, 온순	책임감, 승부욕, 직관, 경계심

4. 개성 검색

라이벌	사주용어	태도(겉모습)	능력(속모습)
타이거 우즈	을(乙)	유순, 온화	계산 면밀, 점유욕, 표현 능력
	무(戊)	낙천적, 자기 중심, 명예	합리적 관리 능력
	경(庚)	민감, 의협심, 큰것 대충	능변, 이해력, 과단력
	기(己)	소극적, 선량, 내심 복잡	이해력, 다재다예, 응변력
박세리	정(丁)	예의 열정, 자기 희생	주도면밀, 개혁 능력
	기(己)	소극적, 선량, 내심 복잡	이해력, 다재다예, 응변력
	무(戊)	낙천적, 자기 중심, 명예	합리적 관리 능력
	임(壬)	낙관, 총명, 지혜	임기응변, 힘, 영감

고난 속에 꽃핀 악성들의 천재성

"하! 하! 하! 하!" 스타카토로 딱딱 끊으면서 거침없이 아무데서나 깔깔대던 모차르트. 영화 《아마데우스》에서의 그는 천진난만한, 약간은 경망스런 웃음소리로 그 천부적인 천재성을 우리에게 알린 것일까요? 그 높은 재능을 사람들에게 이용만 당하고 친구, 친척, 아버지, 처, 귀족들⋯⋯ 그저 만나는 사람 모두에게 요새 흔히 말하는 '밥' 역할만 강요당한 천재. 결국 끝내는 가난과 병마 속에 버려져 차디찬 그 겨울의 흑비 속에서 땅 구덩이에 내동댕이 쳐진 채 그는 세상을 하직하였습니다. 아직도 세상은 참된 예술가를 이해하지 못하고, 그저 저만 먹고 살아야 하는 '동물의 세계'인 것 같군요.

베토벤은 또 어떻습니까? 그의 초상화를 보면, 그 얼굴은 고뇌와 고통에 잔뜩 찌푸린 채 깊게 머리를 수그리고 있습니다. 한 점 허공을 뚫어지게 응시하는 그 암울한 눈빛, 양옆으로 고집스레 처진 입술, 꽉 다문 입…… 이 천재도 역시 병마와 가난이 그의 유일한 친구였나 봅니다.

진정한 천재는 왜 당대에는 그에 합당한 대우를 받지 못하는 것일까요? 아니 오히려 그러한 고통과 고난이 그들의 천재성을 더 발휘케 하는 것일까요? 우리 같은 평범한 사람들로서는 가슴이 쓰리기만 할 뿐, 잘 이해가 되지 않는군요.

모차르트 Wolfgang Amadeus Mozart, 1756-1791

오스트리아 작곡가. 잘츠부르크 출생. 18세기 고전파를 대표하는 작곡가로, 36년이 채 안 되는 짧은 생애에 많은 천재적 작품을 남겼다.

어린 시절 아버지에 의해 천재 교육을 받고, 5세 때 이미 작품을 남기기 시작했다. 그러나 아버지는 아들의 천재성에 힘입어 명성을 얻으려 노력했고, 수많은 계획된 여행으로 그의 생애를 장식하게 하였다. 그는 생애의 1/4 이상을 이렇게 여행으로 보냈다고 할 수 있다. 이런 여행은 당시 각 지역에 독자적으로 전개되고 있던 모든 음악 양식을 흡수하는 절호의 기회가 되었고, 또 여행 중 가족과 주고받은 엄청난 양의 편지가 그의 생활 태도와 18세기 후반의 음악 정황 등을 잘 전해 주고 있다.

그는 음악의 황제답게 천재로 빛나는 많은 작품을 남겼다. 교향곡, 오페라, 피아노 곡, 바이올린 곡, 기타 대부분의 악기를 위한 그의 작품은 그의 천재성을 유감 없이 발휘하고 있는 것이다.

베토벤 Ludwig van Beethoven, 1770-1827

독일 작곡가. 본 출생. 최성기의 고전파에서 초기 낭만파에로의 전환기에 고전파를 최정상으로 올려놓았다. 19세기 음악가들의 우상적 존재가 되었으며, 후세에 많은 영향을 주었다.

그의 음악은 플랑드르의 중후한 기질, 독일의 엄격한 논리, 라인 지방의 희노애락이 심한 감정, 그리고 제2의 고향인 빈의 부드러운 분위기가 혼합된 것이다. 그는 27세 무렵 난청의 귓병이 악화되자 33세 때 자살까지 결심하였다. 그러나 이를 정신적으로 극복하고, 이후 무수한 걸작을 계속 작곡하였다. 49세 때부터는 청각을 거의 잃어 필담으로 생활해 가면서도 〈하머클라비어〉를 비롯한 후기 걸작품을 창작해 나갔다. 그의 작품은 일일이 열거할 수 없을 정도로 수많은 천재적 걸작들이고, 인류 모두의 악성으로 숭앙받고 있다.

자, 이제 운명요소를 비교해 볼까요.

① 모차르트
생년월일 1756년 1월 27일 술시
운명요소 을해년 기축월 을축일 병술시(乙亥年 己丑月 乙丑日 丙戌時)

② 베토벤
생년월일 1770년 12월 17일 미시

운명요소 경인년 무자월 무신일 기미시(庚寅年 戊子月 戊申日 己未時)

1. 소질 검색

① 모차르트 (乙→己←乙←丙)

모차르트의 소질에서 특이할 만한 것은 을과 병(乙←丙)의 관계입니다. 이 소질은 〈천재 감별법〉에서 언급한 ① 기술 창조 개발형의 A급에 속하는 천재적 소질이죠. 나머지 을과 기(乙→己)의 관계는 교류, 풍류 기질 같은 것과 통하는 소질입니다. 영화 《아마데우스》에서 보인 그의 천재적 기질…… 한 번도 정서를 하지 않고 그냥 머리 속의 것을 투사해 내는 그의 곡상은 당구공을 당구대에서 손으로 굴리면서 그냥 적어 나가는 장면으로 묘사됐었죠. 한 번도 지우지 않고 쓴 악보를 보는 살리에리의 절망적 눈빛, 기억하시죠? 그 천재성이 바로 을과 병의 천재성이고, 못된 아내 콘스탄츠와 끝없이 낭비하고 돌아다니는 것이 을과 기(乙→己)의 풍류성입니다.

② 베토벤 (庚←戊·戊→己)

이 소질에서 주목할 것은 무와 경 (戊→庚, 庚←戊)의 관계입니다. 이 소질도 〈천재 감별법〉에서 ② 예술 창조 개발형의 A급 천재에 들어가 있는 소질입니다. 더구나 경(庚)이 연(年)에 있으므로 경←무로 작용하여 ③ 기발반짝 아이디어 형으로도 작용합니다. A급 천재의 대표성이라 할 수 있죠.

| 소질 종합 판단

모차르트의 창조 개발형은 선천적 천재인 데 비하여, 베토벤의 천재성은 노력이 가미된 천재라는 것에 차이가 있습니다.

소질표

라이벌	형 태	사주용어	특 징	소질형(급수)	
	乙→己	편재	풍류, 영업, 교유 능력	착취 간섭형	B
모차르트	乙←丙	상관	자기 표현, 기술, 예술	선천적 창조형	B→A
	乙·乙	비견	자기 추진, 고집투성이	저돌 독립형	D
	戊→庚	식신	자기 표현, 예술	노력 창조형	B→A
베토벤	戊·戊	비견	자기 추진	자기 독립형	C
	戊→己	겁재	동업 투자	동업자 봉사형	C
	庚←戊	편인	기발 반짝 아이디어	적극 찬스형	B→A

2. 욕망 검색

① 모차르트(乙일에 卯월)

첫번째는 명예욕, 명성욕이 있습니다. 이것은 천간(天干)에 투출(透出, 천간에 癸나 壬으로 나타나는 것)이 되지 않았으므로, 잠재 욕망 속에 '그림자' ('융'의 심리학 용어)로 작용하여 끊임없이 명예 욕망을 갈구합니다.

두 번째는 간섭 욕망, 교유 욕망입니다. 이것은 천간에 기(己)로 투출되어 소질로서 발휘되었습니다.

② 베토벤(戊일에 子월)

이것은 재물욕 · 타산욕 · 사업욕이며, 천간에 투출이 안 되었으므로 끝까지 잠재되어 괴롭힙니다.

3. 본능 검색

라이벌	띠	사주용어	겉에 보이는 성질(방어용)	속에 숨긴 성질(공격용)
모차르트	돼지	해(亥)	고집, 돌진, 솔직, 의지력	신경 예민, 용맹, 상상력
	소	축(丑)	친절, 온정, 정리	괴팍, 불굴, 보수
	개	술(戌)	정직, 성실, 온순	책임감, 승부욕, 직관, 경계심
베토벤	범	인(寅)	자존심, 대담, 기지, 인내력	관찰력, 심모원려
	쥐	자(子)	온화	직관, 예민, 심사숙고
	원숭이	신(申)	친절	영리, 관찰력, 창의, 변화무쌍
	양	미(未)	보수, 완고, 인정미	분석력, 빈틈 없음, 노력파

4. 개성 검색

라이벌	사주용어	태도(겉모습)	능력(속모습)
모차르트	을(乙)	유순, 온화	계산 면밀, 점유욕, 표현 능력
	기(己)	소극적, 선량, 내심 복잡	이해력, 다재다예, 응변력
	병(丙)	성급, 관대	이해력, 관찰력
베토벤	경(庚)	민감, 의협심	능변, 이해력, 과단력
	무(戊)	자기 중심, 자존심, 명예	합리적 관리 능력
	기(己)	소극적, 선량, 내심 복잡	이해력, 다재다예, 응변력

:: 이소룡 VS 성룡

세계 무술 영화계를 석권한
아시아의 용들

브루스 리(Bruce Lee) 이소룡. 그는 《정무문》, 《용쟁호투》, 《당산대형》, 《맹룡과강》 등 불과 몇 편 되지 않는 영화의 주연이었습니다만, 그의 절권도를 앞세운 무술 영화는 모든 아시아인은 물론이고 미국에서도 선풍적인 인기작이었습니다. "야오~이" 괴기하기까지 한 그의 외마디 외침과 동시에 어김없이 따라오는 돌려차기, 앞차기, 발로 상대편 따귀 때리기 등 갖가지 재주는 보는 이의 가슴을 후련하게 했습니다.

그가 나오는 영화는 비장감이 감돌고, 그가 나타나는 장면은 어김없이 긴장감이 돌았습니다. 그래서 영화를 보고 나오면 뒷목이 뻐근하고, 어깨·등 모두가 뻣뻣하기도 했죠. 대학교에서 철학과 심리학을 전공한 진지한 학도였던 그는, 64년 〈세계 무도 대회〉에서 '절권도'를 선보입니다. 그 결과, 유명 영화감독에게 특별히 픽업되어 이후 우리의 뇌리에 강렬한 인상을 남긴 훌륭한 배우로 성장하였습니다.

한편 성룡은 어떻습니까? 《취권》에서 보여 준 그의 연기! 춤인지 무술인지 알 수 없는 그 흐느적거림이 우습기도 하고 재미있기도 하였죠. 그는 이소룡과는 대조적으로 비극적 분위기 속에서도 전혀 비장감이나 긴장감, 긴박감이 없이 오히려 웃음이 나오게 하는 희극적 소질이 많다고 보겠습니다. 관객들에게 전혀 부담을 주지 않는, 편한 오락 영화를 우리에게 선사했다고 하겠습니다.

운명 요소로 이들을 비교해 보겠습니다.

① 이소룡
운명요소 경진년 정해월 갑술일 무진시(庚辰年 丁亥月 甲戌日 戊辰時)

② 성룡
운명요소 갑오년 기사월 을축일 병자시(甲午年 己巳月 乙丑日 丙子時)

1. 소질 검색

① 이소룡(庚←丁←甲→戊)

〈천재 감별법〉에서 갑→정(甲→丁)의 관계는 ① 기술 창조 개발형의 천재에 속합니다. 이 소질은 창조성도 있으면서, 또 노력도 아끼지 않는 연습벌레라고 할 수 있습니다.

두 번째 갑→무(甲→戊)의 소질은 영업 능력, 교유 능력이 우수한 소질입니다. 힌마디로 사업가 소질이라 할 수 있죠.

세 번째 갑←경(甲←庚)의 관계는 보스 기질이 많은 관리형 소질입니다. 지기 싫어하고, 아무리 어려운 역경에도 스스로 앞장서서 들어가는 소질입니다.

② 성룡(甲→己←乙←丙)

〈천재감별법〉에서 을←병(乙←丙)의 관계도 ① 기술 창조 개발형의 천재로 나옵니다.

단, 이소룡은 노력에 의한 창조 소질인 데 반하여, 성룡의 소질은 노력 없이도 선천적인 창조 소질인 것입니다. 오히려 성룡의 소질이 약간 앞선다고 보여집니다.

두 번째 을→기(乙→己)의 관계는 영업 능력, 교유 능력이 우수한 소질입니다. 이소룡의 갑→무가 무리하게라도 일에 끼어들고 간섭하는 영업 능력인 것에 비해서, 성룡의 을→기는 무리 없이 그러나 자기 이득 본위로 일에 끼어드는 것이 좀 다르다고 하겠습니다.

소질 종합 판단

선천성과 원만성에서 성룡이 좀 우세한 듯하나, 이소룡의 끝없는 노력과 무리하기까지 한 사업 능력이 더욱 현실 사회에 먹혀들어 갔다고 하겠습니다.

소질표

라이벌	형 태	사주용어	특 징	소질형(급수)	
이소룡	甲→丁	상관	기술 창조 개발, 거만	노력 창조형	B→A
	甲←庚	편관	보스 관리형	영리 자제형	B
	甲→戊	편재	영업, 교유, 사업	무리 간섭형	B
	庚→甲	편재	영업, 교유, 사업	지도 간섭형	C
성룡	乙→己	편재	영업, 교유, 사업	착취 간섭형	B
	乙←甲	겁재	공동 투자, 고집	공동 투자형	B
	乙←丙	상관	기술 창조 개발	선천 창조형	B→A
	甲→乙	겁재	공동 투자, 고집	공동 투자형	C

2. 욕망 검색

① 이소룡(甲 일에 亥 월)

명예욕이 강합니다. 더구나 임(壬)과 계(癸)가 천간(天干)에 두출(나타나는 것)하지 않았으므로 '그림자'로 작용, 끝까지 괴롭힙니다.

② 성룡(乙 일에 巳 월)

명성욕, 인기욕, 자기 표현욕이 아주 강합니다. 이 욕망은 천간에 병(丙)으로 두출되었으므로 현실에서 꼭 달성되어, 자기 동기 부여가 계속되는 즐거운 욕망입니다.

두 번째는 리더 관리욕입니다. 이것은 투출이 안 되어 리더가 되려는 욕망이 끊임 없이 괴롭힙니다.

3. 본능 검색

라이벌	띠	사주용어	겉에 보이는 성질(방어용)	속에 숨긴 성질(공격용)
이소룡	용	진(辰)	시원시원, 딱부러진 행동, 적극적	감각적, 두뇌 총명, 실행력
	돼지	해(亥)	고집, 돌진, 솔직, 의지력	신경 예민, 용맹, 상상력
	개	술(戌)	정직, 성실, 온순	책임감, 승부욕, 직관, 경계심
성룡	말	오(午)	정직, 자유분방, 교제, 쾌활	감각적 두뇌 총명, 실행력
	뱀	사(巳)	온화, 교제, 상대 이해	임기응변, 의심, 조준 사격
	소	축(丑)	친절, 온정, 정리	괴팍, 불굴, 보수, 완고
	쥐	자(子)	온화, 명랑	직관 예민, 심사숙고, 민첩

4. 개성 검색

라이벌	사주용어	태도(겉모습)	능력(속모습)
이소룡	경(庚)	민감, 의협심	능변, 이해력, 과단력
	정(丁)	예의, 열정, 자기 희생	주도면밀, 개혁 능력
	갑(甲)	정직, 도덕 중시	의지력, 추진력
	무(戊)	낙천적, 자기 중심, 명예	합리적 관리 능력
성룡	갑(甲)	정직, 도덕 중시	의지력, 추진력
	기(己)	소극적, 선량, 내심 복잡	이해력, 다재다예, 응변력
	을(乙)	유순, 온화	계산 면밀, 점유욕, 표현 능력
	병(丙)	성급, 친절, 관대	이해력, 관찰력

부록

1장. 웰빙 인생 만들기

1. 서론

나의 인생 요소, 즉 본능 · 개성 · 소질 · 욕망을 모두 찾아서 알고, 또 나의 부모 · 애인 · 친구 · 형제의 모든 것도 알고 나면, 그때부터 웰빙 인생 만들기의 서막이 올라가기 시작합니다.

뒷장에는 영웅들, 영화 스타들, 운동선수, 음악가, 학자 등 많은 역사적 인물들의 인생 요소를 뽑아 놓았습니다.

①나의 인생 요소를 그들 뒤의 빈칸에 뽑아 넣고 ②어떤 인물이 나와 비슷한지 비교해 봅니다. 그런 다음 ③나와 비슷한 인물들에 대해서 많은 자료를 수집하고 ④그들이 인생을 어떻게 살았는지 연구합니다. 그들은 다른 세상에서 먼저 산 사람이지만, 우리에게 앞으로 살 인생에 대해서 많은 것을 확실하게 가르쳐 줄 것입니다. ⑤그들을 '벤치마킹'하여 우리의 인생을 훌륭하게 설계 · 기획하고, 실행 · 계획하여 후회 없는 행복한 웰빙 인생이 되도록 노력합니다.

2. 인생 요소 찾는 방법

가. 컴퓨터에서 만세력을 검색한다.

나. 웹 사이트에서 명리 토론방에 들어간다.

다. 생년월일시(양력 또는 음력)를 입력하면 다음과 같은 결과가 나타난다.

구분	년	월	일	시
천간	갑	을	병	정
지지	자	축	인	묘

- 천간(天干) : 갑, 을, 병, 정, 무, 기, 경, 신, 임, 계
  - 개성과 소질을 알려 주는 원소
- 지지(地支) : 자, 축, 인, 묘, 진, 사, 오, 미, 신, 유, 술, 해
  - 본능과 욕망을 알려 주는 원소

3. 인생 요소 찾기

가. 본능 찾기

구분	년	월	일	시
지지	②	①	③	④

※ 번호는 중요한 순서임.

나. 개성 찾기

구분	년	월	일	시
천간	④	②	①	③

다. 소질 찾기(십간사주에서 용신)

구분	년	월	일	시
천간	③	①	④	②

① 일과 월   ② 일과 시   ③ 일과 연   ④ 연과 일

라. 욕망 찾기(오행사주에서 용신)

구분	년	월	일	시
천간			○	
지지		○		

일간과 월지를 기준한다.

4. 영웅 벤치마킹 방법

개성표 비교(예)

	갑	을	병	정	무	기	경	신	임	계
대원군						③	④		①	②
명성황후					①			②		
┊										
나				①		②		③		④
.부					①		②		③	④
모	①			②		③		④		
애인		①		②		③		④		
형제	④			①		②		③		
친구		②		①		③		④		

가. 나와 비슷한 영웅을 벤치마킹한다(본능표, 개성표, 소질표, 욕망표
   작성).

나. 그의 역사 기록, 일화, 자서전을 구입한다.

다. 그의 인생에서 어떤 인생 요소가 작용하여 그런 삶을 살게 되
   었는지 충분히 연구한다.

라. 연구 결과를 거울 삼아 나의 인생에 보탬이 되도록 웰빙 인생을 설계한다.

5. 인생 요소별 특징

가. 본능 요소

띠	사주용어	겉에 보이는 성질(방어용)	속에 숨기는 성질(공격용)
쥐	자 (子)	온화, 명랑	직관, 예민, 영리, 민첩, 심사숙고
소	축 (丑)	친절, 온정, 정리	괴팍, 불굴, 보수, 완고
범	인 (寅)	자존심, 대담, 기지, 인내력	관찰력, 심모 원려, 호시탐탐
토끼	묘 (卯)	낙천적, 명랑, 침착	기회주의, 꾀, 심사 세밀
용	진 (辰)	시원시원, 딱부러진 행동, 적극적	감각적, 두뇌 총명, 실행력
뱀	사 (巳)	온화, 교제, 상대방 이해	임기응변, 감수성, 의심, 조준 사격
말	오 (午)	정직, 자유분방, 허영, 쾌활	두뇌 회전, 기지, 요설
양	미 (未)	보수, 온화, 완고, 인정미	분석력, 빈틈 없음, 집요, 노력
원숭이	신 (申)	쾌활, 명랑, 신질	엉리, 관찰력, 창의, 흡수 이해력
닭	유 (酉)	조급, 허영, 동정심	두뇌 회전, 심미관, 신경 예민, 낭만주의
개	술 (戌)	정직, 성실, 온순	책임감, 승부욕, 직관, 경계심, 자기 중심
돼지	해 (亥)	맹렬, 고집, 돌진, 솔직	정의감, 사명감, 용맹, 상상력

나. 개성 요소

사주용어	태도(겉모습)	능력(속모습)
갑 (甲)	정직, 도덕 중시	의지력, 추진력
을 (乙)	유순, 온화	계산 면밀, 점유욕, 표현력
병 (丙)	성급, 친전, 관대	이해력, 관찰력
정 (丁)	예의, 열정, 자기 희생	주도 면밀, 개혁 능력

무 (戊)	낙천적, 자기 중심, 자존심, 명예	합리적 관리 능력
기 (己)	소극적, 선량, 내심 복잡	이해력, 다재다예, 응변력
경 (庚)	민감, 의협심, 큰것 대충	능변, 이해력, 과단력
신 (辛)	친절, 감수성, 허영, 친구 많다	두뇌 회전, 거절 의지 약함
임 (壬)	낙관, 총명, 지혜	임기응변, 힘, 영감
계 (癸)	순진, 신경 예민, 결벽	감정 세밀, 심사숙고, 공상, 환상

다. 욕망 요소

A. 욕망표

월지 / 일간	자	축	인	묘	진	사	오	미	신	유	술	해
갑 甲	7	3,7	10,5	9	4,9	5,2	6	3,5	2,8	1	4,1	8,10
을 乙	8	4,8	9,6	10	3,10	6,1	5	4,6	1,7	2	3,2	7,9
병 丙	1	6,1	8,10	7	5,7	10,4	9	6,9	4,2	3	5,3	2,8
정 丁	2	5,2	7,9	8	6,8	9,3	10	5,10	3,1	4	6,4	1,7
무 戊	3	9,3	2,8	1	10,1	8,5	7	9,7	5,4	6	10,6	4,2
기 己	4	10,4	1,7	2	9,2	7,6	8	10,8	6,3	5	9,5	3,1
경 庚	6	7,6	4,2	3	8,3	2,10	1	7,1	10,5	9	8,9	5,4
신 辛	5	8,5	3,1	4	7,4	1,9	2	8,2	9,6	10	7,10	6,3
임 壬	9	1,9	5,4	6	2,6	4,8	3	1,3	8,10	7	2,7	10,5
계 癸	10	2,10	6,3	5	1,5	3,7	4	2,4	7,9	8	1,8	9,6

※앞의 번호가 주된 욕망이고, 뒤의 번호는 부수적 욕망.

B. 욕망 특징

1. 권력 욕망, 리더 욕망

2. 권력 욕망, 보스 욕망

3. 재물 욕망, 축재 욕망

4. 사업 욕망, 교유 욕망

5. 자기 표현 욕망, 예술가 욕망

6. 자기 표현 욕망, 창조 욕망, 비판 욕망

7. 명예욕, 명성욕, 지식욕

8. 명예욕, 명성욕, 사람 이용욕

9. 공동 추진욕, 주체욕

10. 자기 추진욕, 주체욕

라. 소질 요소

A. 소질표

일간 월간 시간	甲	乙	丙	丁	戊	己	庚	辛	壬	癸
갑	10	9	8	7	2	1	4	3	5	6
을	9	10	7	8	1	2	3	4	6	5
병	5	6	10	9	8	7	2	1	4	3
정	6	5	9	10	7	8	1	2	3	4
무	4	3	5	6	10	9	8	7	2	1
기	3	4	6	5	9	10	7	8	1	2
경	2	1	4	3	5	6	10	9	8	7
신	1	2	3	4	6	5	9	10	7	8
임	8	7	2	1	4	3	5	6	10	9
계	7	8	1	2	3	4	6	5	9	10

B. 소질 특징

1. 관리자 사주 중 행정 관리 리더형

1) 별칭 : 신용 모범 존귀자, 고상 근엄 명망가.

　학창시절에는 모범생, 사회에 나와서는 신사형.

2) 적합 직업 : 법조계(판사), 공무원, 은행원, 대기업 관리직.

3) 적합 학과 : 인문계, 법조계, 심리학, 교육학, 정치학, 행정학.

4) 본받을 점

① 분수를 아는 행동을 한다.

② 거만하지도 비굴하지도 않고, 당당하다.

③ 인격이 고결하고 자기 통제가 잘되어, 사회 · 단체와 협조가 잘
　된다.

④ 온후 총명하고 세심 치밀, 근검 소박하다.

5) 고칠 점

① 우유부단하여 기회를 놓치기 쉽다.

② 중용을 지킨다고 하여 책임 의식이 희박해진다.

6) 능력 총괄

① 관리 능력 : 객관 공정하고, 규칙 규범을 잘 지키고, 책임감 있으
　며, 의견 통일을 잘 시킨다.

② 돈버는 능력 : 꼼꼼하게 법을 다 지키며 활동하므로 성과는 별로
　없다.

③ 기타 능력 : 관리 능력과 분쟁 해결 능력이 돋보이나, 기타 사
　교력 · 기획력 · 창조력 · 환경 적응력 등에는 다소 처진다고 하
　겠다.

2. 관리자 사주 중 시장 개척 보스형

1) 별칭 : 영웅 기개 전략가, 위엄 권위 용맹자, 야성형, 보스 기질.

2) 적합 직업 : 군검경찰계, 중소기업 사장, 정치가.

3) 적합 학과 : 법학계통, 정치, 사회계통, 수학, 물리학, 건축, 생화
학, 의사.

4) 본받을 점

① 의협심, 투쟁 정신 왕성, 결단력이 있다.

② 악을 원수처럼 싫어한다.

③ 약자를 돕고 강자에 대항한다.

④ 허례허식을 싫어하고, 한번 한 말을 꼭 실행한다.

⑤ 악 조건을 과감히 돌파한다.

5) 고칠 점

① 투쟁 정신이 너무 왕성하여 싸움꾼이 되기 쉽다.

② 성급하고 충돌이 발생하면 영원한 적이 된다.

③ 보복심을 갖기 쉽다.

6) 능력 총괄

① 관리 능력 : 사명감을 갖고 분투 노력하며, 어떠한 역경도 뚫고
효율도 따지는, 상당한 능력이 있다.

② 돈버는 능력 : 역경 돌파 기질과 적당한 모험심, 근검 절약 정신
과 통찰력 · 집행력이 있어 처음 창업에 큰 힘이 된다. 그러나 돈
버는 구상 능력은 좀 떨어진다.

③ 기타 능력 : 분쟁 해결 등에서 편파적 · 주관적이나, 담판 교섭
능력은 인징된다. 예술 표현력, 창소력은 약간 떨어진다.

3. 재물 사주 중 재무 관리 축재가형

1) 별칭 : 근검 절약 합리주의자, 성실 신용 타산가, 꼼꼼, 타산적,
   계산적이다.

2) 적합 직업 : 은행, 경리, 자금 관리, 의사, 공과계통.

3) 적합 학과 : 상업, 의학, 법학계통, 공과계통.

4) 본받을 점

① 총명하고 성실하다.

② 검소 절약하여 낭비가 없다.

③ 자기 분수를 꼭 지킨다.

④ 신용 약속을 꼭 지킨다.

⑤ 극단적, 과격, 망상적인 행동을 절대 안 한다.

5) 고칠 점

① 인색하다는 말을 듣기 쉽다.

② 융통성이 없어 임기응변에 약하다.

③ 너무 조심스럽고, 투지·박력이 부족하여 무능한 인상을 준다.

6) 능력 총괄

① 관리 능력 : 근검 절약하고 꼼꼼하다. 정직하고 성실하여 규정을
   다 지키므로 보수적 경향이 많다.

② 돈버는 능력 : 정직·도덕 표준을 엄격히 지키고, 부정한 행위를
   눈 뜨고 못 보게 되니까 정당한 돈을 정당하게 축재하는 능력만
   돋보인다.

③ 기타 능력 : 융통성 없고 사교력이 부족하다. 예술 표현, 창조력
   이 결여되어 있다.

4. 재물 사주 중 영업 능력 사업가형

1) 별칭 : 다재다능 찬스 메이커, 호쾌 박력 활동가, 영업력, 교제력, 팔방미인형, 속전속결.

2) 적합 직업 : 토목, 건축, 금융, 유통업, 영업 관리, 시장 관리, PD 연예인.

3) 적합 학과 : 상업, 연예계, 방송계.

4) 본받을 점

①말솜씨가 있고 현실에 영리하다.

②교제 능력이 탁월하다.

③투지 박력이 있어 활동력이 왕성하다.

④호쾌 명랑하고 결단력이 있다.

⑤풍류심이 있고 낙관적이며, 인정미가 있다.

5) 고칠 점

①아점 받으면 홀딱 넘어가고, 자기도 아첨하기 좋아한다.

②시비 구설에 휘말리기 쉽다.

③언사에 과장이 심하고, 주색잡기에 빠지기 쉽다.

④금전을 우습게 알아 낭비하기 쉽다.

6) 능력 총괄

①관리 능력 : 너나없이 동심 협력하게 만들고, 부하와 공동으로 벌어서 같이 나누며, 끊임없이 효율을 따지고, 기강 세워 신상필벌하고, 실행 순서 완전 장악한다.

②돈버는 능력 : 친구도 많고 정보원이 많아 현장에서 기회 포착하여 그대로 두사, 죽기살기로 행동하니까 사업 능력은 최고라고

하겠다.

③기타 능력 : 분쟁 해결사로서 교제력 · 기지력을 발휘해서 이득으로 중재하므로 성과가 좋다. 판매 촉진 능력, 기획 능력이 좋다. 그러나 창조 능력과 이해 흡수력은 좀 떨어지는 편이다.

5. 예술가 · 창조가 사주 중 예술 창조가형

1) 별칭 : 온후 총명 전통 수호자, 우아 명랑 쾌락주의자.

2) 적합 직업 : 연예계, 예술계, 고객 관리, 문학계, 서비스업.

3) 적합 학과 : 문학, 건축, 상업, 예능계, 서비스계통.

4) 본받을 점

①총명 온후하고 공손하다.

②품성이 온화하여 싸우는 것을 싫어한다.

③도량이 넓고 관대하고 낙천적이다.

④성정이 부드럽고 화목하다.

5) 고칠 점

①어려운 일에 인내심이 없고 의뢰심이 많다.

②사상이 너무 맑아 고매한 척하며, 공상 · 망상이 많다.

③권태와 정신적 피로를 많이 느낀다.

6) 능력 총괄

①관리 능력 : 상대 입장 고려한 조화를 중시하며, 이심전심으로 부하에게 온화하게 다가간다. 그러나 너무 믿어서 일을 시키고도 확인을 안 하고, 압력 · 효율 · 목표 의식이 결여되곤 한다.

②돈버는 능력 : 친절 · 인화를 중시하고, 고객 확보에 실력이 있으

며, 모험보다는 현금 위주로 착착 진행하므로 좋은 편이다.

③기타 능력 : 중재 능력과 언어 전달 능력이 좋고, 사교력도 좋은 편. 예술성·창의력을 가미하여 기획력도 돋보이고, 문필력도 있다.

6. 예술가·창조가 사주 중 기술 창조 개발가형

1) 별칭 : 총명 돌파 개혁 투쟁자, 재기 발랄 오기 교만자.

2) 적합 직업 : 언론인, 예술가, 개혁가, 평론가, 연예인, 상계.

3) 적합 학과 : 문예계, 예술계, 언론계통, 수학, 물리학, 건축, 상업.

4) 본받을 점

①다재다능, 다방면에 재주가 많다.

②말주변이 좋고 총명하다.

③용감하며 일을 잘 벌리고, 활력과 투쟁력이 좋다.

5) 고질 점

①남을 얕잡아 보고 자기 마음대로 한다.

②세속적 예법을 무시하고 흥취가 복잡하다.

③오기가 많아 오만불손하게 보일 때가 많다.

④자신감이 과대하여 능력 이상의 것에 도전, 실패하기 쉽다.

⑤열두 가지 재주 있는 자가 밥 굶는다고, 이것저것 손만 대고 성취가 없다.

6) 능력 총괄

①관리 능력 : 외향적이고, 기세 등등하고, 독선적이며, 자기 이익을 향해 움직인나. 목표·창의·성취감을 갖고, 자기 위주로 조

직을 관리한다.

②돈버는 능력 : 총명 영리하며 꾀가 많고, 창의력으로 이익을 추구한다. 환경 적응력과 모험 투기 정신이 있고, 말주변이 좋아 성과가 있으나, 자칫 욕심이 커서 사상누각이 될 수도 있다.

③기타 능력 : 분쟁 해결 능력은 도도한 말주변과 양측 약점을 찌르면서 해결한다. 기획 능력에서 예술적·미술적·기술적 창의력이 있어 좋으나, 너무 최고를 고집하여 적이 많고, 너무 나서므로 피해가 있다.

7. 기획 아이디어 사주 중 자료 수집 교육가형

1) 별칭 : 인자 선량 지략가, 지혜 총명 노력자.

2) 적합 직업 : 교육계, 문학계, 서비스계.

3) 적합 학과 : 교육계통, 문학, 서비스업, 수학, 심리학, 인문계, 생화학, 물리학.

4) 본받을 점

①심성이 선량하고, 인정미가 있으며 인자하다.

②지성이 있고 처세가 원만하다.

③인격을 중시하고 고상하다.

5) 고칠 점

①자주 정신이 결핍되어 의뢰심이 많다.

②이기주의 때문에 인색하게 보일 수 있다.

③세상 일에 너무 천진난만하여 실제와 동떨어질 수 있다.

④자존심이 강하고, 체면에 너무 얽매일 수 있다.

6) 능력 총괄

①관리 능력 : 독재도 민주도 아닌 방임형으로서, 우수한 부하들이 많은 조직체에서는 최고의 능력 발휘를 하나 그렇지 않으면 매우 힘들다. 남 놓아 기르다 자기가 피해 볼 수 있다.

②돈버는 능력 : 계교를 싫어하고 투쟁도 싫어하여 사업에는 큰 성과가 없지만, 생산 제조 계통은 그래도 맞는다.

③기타 능력 : 기획 능력 면에서 자료 수집 능력과 취합 능력이 뛰어나고, 각종 이론에 대한 흡수력이 우수하여 꾸준한 연구에 성과가 많다. 사교력, 적응력, 개혁력은 떨어진다.

8. 기획 아이디어 사주 중 깜짝 아이디어 벤처 기업가형

1) 별칭 : 초탈 고독 사상 개척가, 침울 과묵 기지 영민자.

2) 적합 직업 : 의학계, 철학 학문계, 아이디어계, 정치, 대중 광고계.

3) 적합 학과 : 의학, 철학, 심리학, 광고학.

4) 본받을 점

①독창성, 기발한 아이디어 등 우수한 재능이 있다.

②관찰력, 감수성, 이해력, 경각심이 높다.

④심사가 세밀하고, 똑똑하며 빈틈 없다.

5) 고칠 점

①인내력이 부족하고 지름길로 빨리 가려고만 한다.

②이것저것 많이 알려고 하여 한 가지에 정통하지 못하다.

③도량이 좁고 편협하며 이기적일 때가 많다.

④생각이 독특하여 혼사 잘난 체하는 듯이 보인다.

⑤사려 과도하여 자주 판단이 바뀌고, 의심이 많으며, 자잘한 일에 얽매인다.

6) 능력 총괄

①관리 능력 : 독자적 성향이 강하고 독선적일 때가 많다. 나만을 추종하는 무리들로 조직체를 꾸밀 우려가 있다. '편 가르기' 하기 쉽다.

②돈버는 능력 : 이해력과 영오력이 뛰어나고, 똑똑하여 두뇌 운용 (사고력, 기획력, 창조 발명 영역) 면에서 돈을 벌 수 있다.

③기타 능력 : 창조 발명 능력은 최고이고, 냉정·고요·노련하므로 큰 성과가 있다. 판매 능력, 말재주, 사교력, 적응력 면에서는 많이 떨어진다.

9. 주체적 추진자 사주 중 공동 투자가형

1) 별칭 : 야심 돌출 분위기 메이커, 고집 완고 모험가.

2) 적합 직업 : 투기업, 외교관, 운동, 정치, 종교, 위탁업.

3) 적합 학과 : 외교학, 정치학, 종교학, 상업.

4) 본받을 점

①사람을 끌어들이는 말주변도 있고, 솔직·호쾌하다.

②심사가 민첩하여 임기응변에 능하다.

③자기 자신에게 큰 자부심과 긍지를 느낀다.

④자기 포장 능력과 적응력이 우수하다.

⑤두뇌 회전이 빠르다.

5) 고칠 점

① 거만 불손하게 보일 때가 많다.

② 덜렁대고 분주하여 정신이 없다.

③ 성격이 집요하여 지는 것을 못 참는다.

④ 낙관·비관이 수시로 바뀌고, 충동 모험적이다.

6) 능력 총괄

① 관리 능력 : 진취적이나 냉혹하기도 하여 남을 귀찮을 정도로 끌고 간다. 행동에 과단성 있고, 분위기도 잘 살린다. 웅변력·민첩함이 겸비되어 성과가 좋다.

② 돈버는 능력 : 불로 소득을 노리고 이득에 민감하며, 추진력·결단력은 있으나 심사숙고 없이 무모하게 돌진하므로 상세 계획이 부족하다.

③ 기타 능력 : 사교력, 교섭 담판 능력, 개척 정신이 강하다. 예술, 창조 능력은 부족한 편이다.

10. 주체적 추진자 사주 중 독립 자영업형

1) 별칭 : 독립 냉정 황무지 개간자, 초지 일관 자기 사업자.

2) 적합직업 : 운동, 자유업, 양재, 다도, 무용, 조각.

3) 적합학과 : 체육과, 무용과, 조각과,정치 사회 계통.

4) 본받을 점

① 외모는 수수하고 평범해 보이나 속은 꽉 차 있다.

② 의지가 굳어 잘 변하지 않으며, 초지일관한다.

③ 소심, 독실하다.

④교제는 실질적 우정을 중시한다.

⑤자존심 강하고, 시비 곡절은 꼭 따진다.

5) 고칠 점

①독단적이고, 자기 중심으로 자기 마음대로 일한다.

②자기 의견만 고집하여 타협심이 없다.

③인정 없는 각박한 환경에서는 적응 못하고 자폐적이 되기 쉽다.

④자기를 알아주는 친구가 적고, 남과 알력이 생기기 쉽다.

6) 능력 총괄

①관리 능력 : 자아의식과 자존심이 강렬하여 이기적 성격으로 비치지만, 부하를 잘 돌보고 상사에게 항거하는 등 융통성 없이 독단 행동을 많이 한다.

②돈버는 능력 : 솔직하고 속마음이 잘 나타나 속기 쉽고, 표현력과 인간 관계 면에서 경쟁이 떨어지므로 큰 성과는 없다.

③기타 능력 : 사교력·말주변이 없고, 예술 창조 능력이 부족하다.

2장. 웰빙 인생 짝짓기

1. 영웅과 나의 본능 짝짓기

	자	축	인	묘	진	사	오	미	신	유	술	해
흥선대원군		①		④	②						③	
명성황후							④		③		①	②
롬 멜				②		③	④					①
패 튼						③				②④		①
정주영		④		②						③		①
이병철			①							③	②④	
박마리아					①	③	②	④				
이멜다						②	①	④	③			
에바페론		②③	④									①
대 처		②		④			③				①	
마키아벨리		②	③			①						④
비스마르크				①			③	④				②
히틀러		②	③	①						④		
처 칠		③				④					②	①
리즈테일러		④	①				③	②				
리차드버튼		②						④			③	①
먼 로			②			①④				③		
가르보						②			③	①		④
세 종		②			③④	①						
황 희				①②		③④						
이완용							②	①		④		③
민영환							④		①	②		③
박정희			④			②			③			①
마르코스				④	③	②				①		
아인슈타인				①②			④		③			
공 자	③		④							①	②	
주 자			③				④				①②	
한 신	①				③		④				②	
항 우				②④	③					①	②	
수 양				①			③			②	④	
단 종						③	④		①	②		
칭기즈칸					①③		④					②
카이사르			③		②		④	①				
닉 슨	②	①	③								④	
케네디						①②	③		④		④	
박세리	③					②				①	④	
타이거우즈	①			②④							③	
모차르트		①									③	②
베토벤	①		②						③			
이소룡					②④						③	①
성 룡	④	③				①	②					
나												
부												
모												
애인												
형제												
친구												

2. 영웅과 나의 개성 짝짓기

	갑	을	병	정	무	기	경	신	임	계
흥선대원군						②	④		①	③
명성황후					①			②		
롬멜		①				②		④	③	
패튼		③		②			①			
정주영		③		②			①			
이병철					①		③		②	
박마리아			④			③			②	①
이멜다					①	③	②			
에바페론	②									
대처		③	②							①
마키아벨리			①		②	③				
비스마르크		③			①	②				
히틀러			①	③	②	④				
처칠	④	②					①	③		
리즈테일러					①	②			②	③
리차드버튼				②	①	③				
먼로			③					①		②
가르보		②		③			①			
세종	③	②		④					①	
황희		②		③						①
이완용				③	④	②		①		
민영환	③		②					①		
박정희				④	③		①	②		
마르코스			①	④		②		③		
아인슈타인	③		①			④				
공자		②			③		①			
주자	①		②				③			
한신	②		①							
항우	①			③		②				
수양			③	④			①			②
단종			②	①				③		
칭기즈칸		③			①		②			
카이사르			③				④		①	②
닉슨			③				①		④	②
케네디		②	③	④				①		
박세리				④	①	②			③	
타이거우즈		④			②	③	①			
모차르트		①	③				②			
베토벤				①	②		③			
이소룡				②	③		④			
성룡	④	①	③			②				
나										
부										
모										
애인										
형제										
친구										

258

3. 영웅과 나의 욕망 짝짓기

	1	2	3	4	5	6	7	8	9	10
흥선대원군	◎								○	
명성황후						○				◎
롬멜							◎		○	
패튼				○	◎					
정주영				○	◎					
이병철		◎						○		
박마리아	◎				○					
이멜다							○			
에바페론						○			◎	
대처								◎	○	
마키아벨리					◎		○			
비스마르크	○									
히틀러					◎					
처칠				○	◎					
리즈테일러		◎						○		
리차드버튼		○								
먼로	◎								○	
가르보									○	
세종				◎				○		
황희					○					
이완용		○						◎		
민영환						○			◎	
박정희				○	◎					
마르코스			○							
아인슈타인							○			
공자									○	
주자	○			◎						
헌신	○									
항우	○									
수양				○						
단종	○			◎						
칭기즈칸	○									◎
카이사르	◎		○							
닉슨						○	◎			
케네디	◎								○	
박세리						○				
타이거우즈						○				
모차르트				◎				○		
베토벤		○								
이소룡								◎		○
성룡	○				◎					
나										
부										
모										
애인										
형제										
친구										

4. 영웅과 나의 소질 짝짓기

	1	2	3	4	5	6	7	8	9	10
홍선대원군	◉				◎			◎	○	
명성황후						◎	○			◎
롬 멜		○		◎			◉			
패 튼	◎		○							
정주영	◎	○								
이병철				◉	○		◎			
박마리아	◎	◉	○						○	
이멜다					◎				○	
에바페론										◎
대 처	◎	◉	○							○
마키아벨리					◉	○		◎		
비스마르크	○		◎						◎	
히틀러					◉	○		○	○	
처 칠		○	◉	◎					○	
리즈테일러	◎		◉							
리차드버튼							○		◎	
먼 로					◎					
가르보	◎		○							
세 종				◎				○		
황 희					○					
이완용				◉		◎		○		
민영환	◎			○						○
박정희	○		◎					◉	○	
마르코스			○			◉			○	
아인슈타인							◎	○		
공 자			○					◎		○
주 자		◎			◉					
한 신								◉	○	
항 우			○		◉					
수 양	○	○	○			◉				
단 종	○			○					◉	
칭기즈칸	○		○		◉					○
카이사르	○				○				◉	
닉 슨		○			○	◉		○		
케네디	◉	◎								
박세리				◉		◎			○	
타이거우즈	◎							◎	◉	
모차르트				○		◉				◎
베토벤	◎		○			◉				
이소룡		○		◎		◉				
성 룡				◎		◉			○	
나										
부										
모										
애인										
형제										
친구										

주요 소질 순서 ① ◉, ② ◎, ③ ○

260

성공하려면, 아니 인생을 제대로 한번 살아 보겠다면, 다음 세 부류의 사람이 필요하다고 합니다. 그 첫째는 원리 원칙을 가르쳐 줄 훌륭한 스승을 모시는 것이요, 두 번째는 잘못을 직언해 줄 측근을 갖는 것이요, 세 번째는 훌륭한 자격을 갖춘 고문을 가지라고 하였습니다. 원리 원칙을 가르치는 스승은, 현재의 공정한 일 처리와 미래에 대한 선견지명을 가르쳐 줍니다. 잘못을 지적해 줄 측근은, 마음으로 나를 이해해 주는 친구 중에서 고르는 것이 좋습니다. 또한 훌륭한 식견을 갖춘 고문은, 현실 처리 능력이 뛰어난 경험자 중에서 선택하는 것이 좋겠죠.

이 세 부류의 훌륭한 사람들을 모두 만날 수 있다면 얼마나 좋겠습니까? 그러나 현실은 그 하나도 만족 못할 경우가 대부분입니다.

이럴 때 어떻게 해야 합니까? 넋놓고 앉아만 있겠습니까?

그렇습니다. 책입니다. 독서입니다. 미래를 위한 기획과 현실 전개를 위한 계획, 실행과 역경 타개를 위한 많은 해결책은 바로 책에 다 나와 있습니다. 즉, 스승과 측근과 고문은 모두 책 속에서만 발견되는 진정한 '내 사람'이라는 말입니다.

필자의 학창 시절에는 배워야 할 과목이 정해져 있었고, 각 과목마다 공부하는 요령, 정복하는 방법이 다 있었습니다. 따라서 그 요령, 그 방법대로 그저 죽어라고 파기만 하면 좋은 성적이 나왔습니다.

그러나 일반 사회는 어떨까요? 학창 생활과 무엇이 다를까요? 모범생보다도 오히려 뒤에 처져 있던 사람들이 성공한 예가 허다하지 않습니까?

왜 그럴까요? 그것은 사회의 인생살이에는 배워야 할 과목이 정해져 있지 않기 때문입니다. 과목 자체를 스스로 결정해야 할 때가 많다는 말입니다. 과목 결정을 잘 하느냐 못 하느냐에 따라서 그 인생이 순탄하냐 엉망이냐가 결정될 때가 많다는 말입니다.

두 번째는 아무도 그 과목 내용에 대해서 가르쳐 주지 않는다는 말입니다. 결국 과목 결정과 공부 방법과 스승 모두를 자기 자신이 알아서 찾고 해결해야 한다는 것이며, 이런 관계로 사회 생활 초기 몇 년 만에 뚜렷한 개인 차이가 나고 만다는 것입니다.

필자는 이 모든 것을 책을 사서 보는 것으로 해결하였습니다. 여러분에게도 책은 훌륭한 지침서가 될 것입니다. 정기적으로 서점에 들러서 자기가 속해 있는 직업에 대하여, 그 분야에 대하여, 또 내 직장의 업무 전반에 대하여, 내 부서의 전문적 업무에 대하여 수많은 지식을 얻으십시오. 또 임원 내지는 CEO로서 필히 갖추어야 할 일반 지식과 생활 태도 등 예컨대 회사 경영 전반에 대한 이해, 인사 문제, 영업 문제, 각 부서별 업무 조직 문제, 인간 관계, 타 경쟁사와의 관계 등등을 소상히 공부해 나가야 합니다.

필자도 이런 공부를 위해 많은 심리학 서적, 병법책, 종교 관련 서적, 처세 관련 서적, 기타 경영 관리에 관한 많은 전문 서적을 읽었습니다. 이런 것의 일환으로 마지막에는 중국·일본 등지에서 가장 적중도가 높다는 '투파·명징파 명리학'의 비법까지 배워서 이를 응용함으로써 많은 성과를 거두었으며, 또 CEO로서의 역할을 무난히 해낼 수 있었습니다.

이 책은 일반 사회에서 진정으로 필요한 필수 과목과 스승 선택의 방법을 제시하려고 저술한 책입니다.

각 개인의 소질·욕망·본능·개성에 맞춰 어떤 인생을 살아가야 할지를 알려 줌으로써 이 책은 스승 역할을 하게 될 것이며, 내게 맞는 영웅들이 어떤 실패를 했는지를 지적·연구하게 함으로써 측근 조언자 역할을 하게 될 것입니다. 또 그 영웅들이 어떻게 현실 타개를 해나갔으며, 역경에는 어떻게 대처했는지를 연구하게 함으로써 고문 역할까지도 할 수 있도록 꾸몄습니다.

아무쪼록 이 책이 웰빙 인생 기획의 시발점이 되어, 앞으로의 인생에 큰 참고서가 되기를 기원합니다.

南覺 金南容